中等职业教育通用基础教材系列

校园安全教育读本

主　编　王建林

主　审　史新涛

副主编　张桂梅　宋秀梅　管潇潇

王方军　颜潇潇　刘文超

赵永军　张文强　邵一峰

中国人民大学出版社

·北京·

前　言

职业教育是国民教育体系和人力资源培育的重要组成部分，肩负着为新时代中国特色社会主义建设培养高素质、技能型人才的时代使命。学生安全关系着千家万户的幸福，关系着学校的声誉和社会的稳定，是学生得到全面发展的重要保证，也是职业院校工作中的一项重要内容。

如何指导老师从学生入学开始做好学生的安全教育工作，成为摆在学校面前的重要课题。结合学校管理实践和老师们多年的一线工作经验，我们编写了这本《校园安全教育读本》。要求教师从确保学生身心健康、安全等高度，深刻认识到学生安全的重要性，肩负起对学生进行全面安全教育的责任和使命。本教材为教师提供了丰富而全面的安全教育内容，以真实的案例，生动的解释，让学生真正掌握各种安全知识和技能，提高安全意识和自我保护能力，培养“自主发展”这一核心素养。

在举世震惊的“5·12”汶川大地震中，学生的伤亡令人痛心，日常生活中也容易发生踩踏事件、溺水事件、意外受伤事件。福建南平一名小学生运用学校安全教育课上学到的消防安全知识帮助一家五口人转危为安，这一案例告诉我们：如果让学生多学习一些安全知识就能多一分生的希望。据统计，我国每年发生的各种灾害损失以千亿元计，并造成大量人员伤亡，但生活中太多的悲剧都是安全意识不强、安全知识匮乏、救灾技能欠缺造成的。因此，职业院校一定要高度重视学生的安全教育，要注意通过多种形式，对学生进行全面的防灾救灾常识教育，并通过学生影响到每个家庭，当发生灾害或者事故时能最大限度地减少人员和财产损失。

我们要善于借鉴他人成功的经验，不断强化学生的安全意识，让学生学会在灾难、事故中尽量保护好自己，减少悲剧的发生，让千家万户能够幸福，社会能够安宁祥和。

为了让教材更接地气，编者把学生安全与学校的日常管理更紧密联系起来，让学生在日常生活学习中时时、事事都感受到安全。编者在相关章节中引用了文登技师学院的活动图片及《文登技师学院学生手册》中的相关规定，在此表示衷心感谢。

目　　录

项目一　入学安全篇

本项目主要介绍新生入学时应了解的校园安全常识，使他们尽快适应新生活、新环境，学会保护自己，为今后的学习生活奠定基础。

第一讲　教学区安全

学习要求

1. 了解教学区安全的基本常识。
2. 树立“安全第一”的意识，遵守教学区安全规定。

案例警示

2017 年 9 月，某校学生张某和李某课间在教学楼走廊内追逐打闹，张某将一个矿泉水瓶向李某掷去，李某闪身躲过，但打在了李某身后的赵某的眼上，导致赵某右眼被眼镜镜片划伤，花去医疗费一万多元并留下后遗症。

听我解释

教学区安全警示：

(1) 教学区仅供教学活动使用，未经学校同意，不得在走廊、教室内举行学习之外的其他活动。

(2) 楼内严禁烟火，严禁将危险物品和刀具等与学习无关的物品带入教学楼；自觉爱护楼内公物。

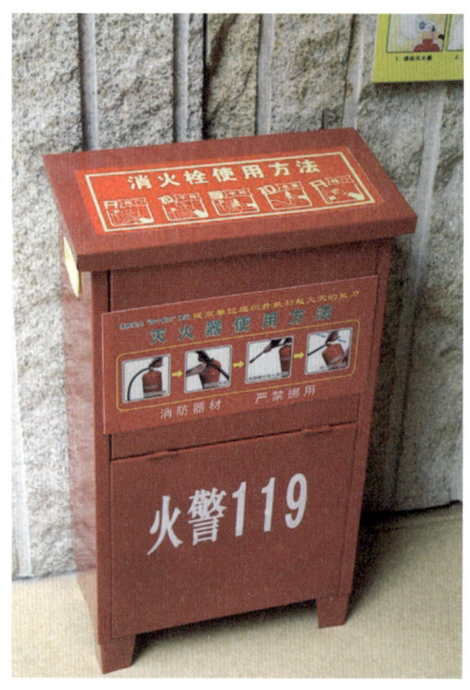

消防设施

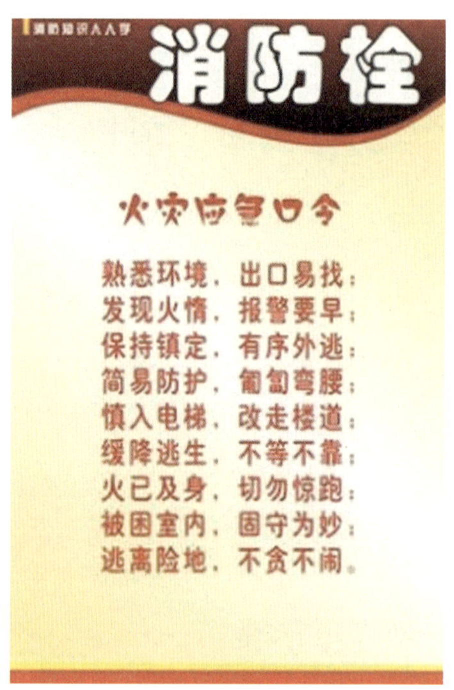

安全宣传栏

（3）楼内严禁高声喧哗、追逐、嬉戏、打闹、打架等一切不文明行为，不得在走廊楼梯聚集逗留。

（4）随手关好门窗，不得翻爬门窗。大扫除时，不得站立在窗台及其他支撑物上擦拭窗户。

（5）上下楼梯自觉靠右行进，严禁拥挤、拉扯。例如：每层楼的东四个教室的学生上下楼梯时要走东楼梯；西四个教室的学生上下楼梯时要走西楼梯，以免人多拥挤。

（6）桌椅、学习用品、卫生用具分类要摆放整齐；垃圾废品分类放置于垃圾桶，严禁向楼下乱扔东西。

应对方案

1. 在教学区应该注意的安全事项

（1）防磕碰。教室、走廊、楼梯间、卫生间人多时，穿行时需多加小心，不应追逐、打闹、做剧烈的运动和游戏，防止磕碰、受伤。

（2）防滑、防摔。教室的地板比较光滑，卫生间比较湿滑，要防止滑倒、受伤；不要登高打扫卫生，防止摔伤。

（3）防坠落。不要将身体探出阳台或者窗外，不要在楼梯栏杆玩耍，谨防不慎坠楼的危险。

（4）防挤压。门、窗户在开关时容易夹住手，应当处处小心。

（5）防火灾。在教学楼里不要乱动插座开关，不要随便玩火，更不能吸烟、燃放爆竹。

（6）防意外伤害。严禁将管制刀具带入校园。改锥、小刀、剪刀等锋利、尖锐的工具，图钉、大头针、圆规等文具，用后应妥善存放起来，不能随意放在桌子上、椅子上，更不能玩耍，防止有人受到意外伤害。

2. 乘坐电梯受困怎么办

如遇电梯突然坠落，首先要保持镇定，迅速按完从低层到高层的楼梯键，头和背部贴紧电梯壁，双腿并拢微微下蹲减少冲击力，保持平稳呼吸。这是因为电梯槽有防坠安全装置，会牢牢夹住电梯两旁的钢轨。

还有一些常规做法：

（1）利用警铃或对讲机、手机等一切可能的求援方式求救，如联系方式失灵时，可拍门叫喊；如手痛，可脱下鞋子敲打，请求立刻找人来营救。

（2）如果外面没有受过训练的救援人员在场，不要自行爬出电梯。

（3）千万不要尝试强行推开电梯内门，电梯外壁的油垢可能使人滑倒。

（4）如果在深夜或周末被困在电梯里，最安全的做法是保持镇定，伺机求援。注意倾听外面的动静，如有行人经过，设法引起他们的注意。

被困电梯的自救方法

◆不要慌张，不要强行扒门，也不要从电梯顶部安全窗逃生，以免造成伤害。

◆要利用电梯内的电话对讲机向有关方面求救，或按下表盘上的警铃报警。

◆如无电话，应拍门大声叫喊，或脱下鞋子，用鞋拍门，发出求救信号。如无人回应，要冷静观察周围动静，保持体力，等待救援。

《学生手册》

《教学楼管理规定》第四条　纪律

15. 不准在楼内高声喧哗、打闹、起哄，跑跳追逐、乱扔石块、粉笔头等任何有碍教学的活动；不准在教学楼内打乒乓球、羽毛球、篮球及其他体育活动；自觉保持楼内安静。

16. 禁止在楼内洗漱、吃饭和洗刷碗筷。

17. 与教学和学习无关的东西不得带入楼内，自行车禁止入内。

18. 不得带领非本校人员进入教学楼内。

对不遵守教学楼纪律者，管理人员要予以制止，除扣该班相应的分数外，对不服从管理者，由学生处按照学校有关规定处理。

学以致用

分组讨论：我们日常在教学区应注意哪些安全事项？

第二讲　宿舍安全

一、生活秩序

学习要求

1. 了解遵守宿舍生活秩序的意义。
2. 掌握宿舍的安全规定，提高安全意识。

案例警示

某校一班主任老师发现有五名同学最近头发蓬乱、面色蜡黄，其中两名同学还不断咳嗽，另外三名同学出现头晕症状，校医检查后说这些症状是睡眠不足造成的抵抗力下降。后经调查发现，五人晚休熄灯后多次聚众赌博，几人的行为严重影响了同宿舍同学的休息，也影响了自己的身体健康。

听我解释

遵守宿舍生活秩序，营造安静温馨的住宿环境，可以保证同学们的休息质量，以充沛的精力来投入到学习知识、掌握技能上来，同时井然有序的生活节奏，同学间和谐相处，能有效避免安全事故的发生。宿舍正常的秩序如下：

（1）按时起床，按时就寝。

（2）保持宿舍安静，不打架斗殴、谩骂、喝酒、打麻将、打扑克、赌博、聚众起哄、乱涂乱写。

（3）保持宿舍整洁，不豢养小动物和各种宠物，不在公寓内张贴标语、广告、大小字报，不搞封建迷信活动。

（4）明确宿舍是休息场所，不互串宿舍，不在宿舍楼进行球类等体育活动，不在学生宿舍区举办舞会、过生日等活动。

（5）牢固树立节约用水用电意识，人走电断，用完水后及时关闭水阀，避免长明灯、长流水。

（6）洁身自好，不在公寓内进行经商活动，买卖“三无”小食品；不观看传播反动、淫秽的书刊和音像制品。

（7）尊重公寓管理员和学生干部，服从管理，听从指挥。

应对方案

如何有效保障宿舍生活秩序？

（1）午休、晚休学生会干部负责核查人员，发现没按时回宿舍且无假条者，马上报告值班老师，由值班老师第一时间联系班主任了解情况，班主任老师马上联系家长落实。

（2）午休、晚休期间，要保持安静，由全天值班老师和学生会干部在各楼层巡视，并记录好各种违纪行为。

（3）各班级、学生处要定期或不定期进行全面或个别抽查违禁品（例如烟、手机、打火机、各种刀具及可能成为伤人凶器的各种棍棒等）。学生要理解配合好检查，如确有特殊情况可向值班老师单独说明情况，不得以个人隐私等理由拒绝检查。

《学生手册》

《学生公寓管理制度》第五条　安全保卫制度

6. 在公寓内不得进行危害学校治安的聚集和宣传活动。违反本规定的，学生和公寓工作人员有权向学生科报告并制止该类活动。

8. 不得私自使用和存放有毒、强酸、强碱、易燃、易爆物品及各类枪支（包括仿真玩具）和各类管制刀具等危险物品。

学以致用

小组讨论，找出宿舍日常生活中的秩序隐患，并制定预防措施。

____

____

____

____

____

____

二、宿舍防火

学习要求

1. 了解宿舍火灾的危害。
2. 掌握一定的自救措施，提高安全意识。

案例警示

2008 年 11 月 14 日 6 时 10 分许，上海某校徐汇校区学生公寓楼 602 女生宿舍发生火灾。火势迅速蔓延导致烟火过大，4 名女生在消防队员赶到之前从 6 楼宿舍阳台跳楼逃生，不幸全部遇难。火灾事故原因初步判断为寝室里使用“热得快”引发电器故障并将周围可燃物引燃。

听我解释

1. 学生宿舍发生火灾的危害性

（1）人员高度密集，疏散困难，易造成群死群伤。

（2）用电量大，易燃物品多。单元式建筑一旦失火，火灾易蔓延，难以补救，将造成“火烧连营”，财产损失巨大。

（3）影响校园稳定和教育教学正常秩序。

2. 宿舍起火的原因

（1）点蜡烛、蚊香。有时学校停电，学生会点燃蜡烛。粗心的学生一不小心碰倒蜡烛，或是睡着了而蜡烛还未熄灭，结果蜡烛烧到底，点燃了书籍、床板、窗帘等可燃物品，导致火灾的发生。另外，不能正确使用蚊香极易引起火灾。

（2）吸烟。现在，校园内学生吸烟现象难以杜绝，个别学生突遇检查往往乱扔或乱藏烟头，一旦扔到或藏到被褥、衣物等易燃物上，就会引发火灾。

（3）违规用电。使用劣质电器和大功率电器（包括劣质应急灯、充电器、电吹风、取暖器、热水壶、电褥子、充电器等），使电线超负荷，很容易造成短路引起火情。

应对方案

宿舍发生火灾该如何逃生？

（1）若发现宿舍内着火的小火苗，及时用衣物或棉被扑灭，并迅速告知宿舍管理人员，及时报警，听从组织，有序逃离火灾现场。

（2）在疏散时，防止拥挤踩踏。在疏散过程中，要注意用毛巾、手帕、餐巾、床单布等捂住口、鼻，有组织地向安全出口疏散。在疏散逃离中，如果已被烟火包围，可撤离到未起火房间（阳台、卫生间等），迅速关闭房门，用水浸湿毛巾、床单等物堵塞门缝，防止烟火进入，并用颜色较显眼的物品向外呼救，以便消防人员及时救助，或将床单、被罩、窗帘等撕成宽条，连接成绳索，由窗外墙体滑下，切不可盲目跳楼。

（3）切记：生命为重，财物为轻，切莫逞能救人。

《学生手册》

《学生公寓管理制度》第五条　安全保卫制度

1. 安全用电。禁止私拉乱接，禁止使用电炉子等其他电热器材。违反者，没收器材，并根据情节予以经济处罚和纪律处分。

2. 注意防火。爱护消防器材，保证消防设施完好；禁止在公寓内使用蜡烛照明和动用明火；严禁在楼内焚烧废纸、杂物，燃放烟花鞭炮等，违反者，处以罚款并给予纪律处分。

学以致用

假如宿舍发生火灾，你该怎么办？结合实际，设计一种逃生自救的方案。

____

____

____

____

____

____

____

三、宿舍防盗

学习要求

1. 了解宿舍常见的盗窃方式和时段。
2. 学会预防及应对盗窃。

案例警示

2013 年 9 月 1 日，某校 2013 级新生入学报到，新生刘某将自己的生活费 600 余元装在外套口袋里顺手放在床上，就独自去洗手间，几分钟后回来，发现钱不见了，刘某迅速将此事告诉了班主任。

经查，钱被来送新生上学的李某偷走。李某经过刘某宿舍门口时发现宿舍没人，床

铺上有件外套，心生贪念，翻走了装在口袋里的钱，在学校老师的教育下，李某将钱还给了刘某。

听我解释

1. 学生宿舍常见的盗窃方式

（1）顺手牵羊。趁主人不备，将放在洗漱间的物品盗走。

（2）乘虚而入。趁主人不在、房门未锁，入室盗窃。

（3）钓鱼。用竹竿将晾在窗外的衣物“钓”走。

（4）撬门扭锁。此类盗窃分子通常以多种方式撬开门锁，进门后撬遍储物柜、箱子，以价值高、易于携带的物品为盗窃目标。

2. 容易发生盗窃事故的时段

（1）新生入学报到和开学初。由于新生刚入校，人生地不熟，从家里带来的现金和贵重物品未能及时妥善管理而被窃贼盯上，造成财物丢失；开学初是案件的高发时段，同学们返校后大多忙于各项就读工作，且从家里带来的财物多，常因保管不善造成财物被窃。

（2）临近放假或毕业离校期间。临近放假时，学生忙于考试和准备回家，学生的警惕性普遍不是很高，给窃贼造成了可乘之机；毕业离校期间，由于很快要离开母校，走上工作岗位，广大毕业生的心情非常舒畅，加上繁杂事务牵扯精力，放松了警惕。

（3）早操、自习期间。学校组织早操或早自习，绝大多数学生都要参加，寝室里无人，容易下手，同时调查也表明，这个时段的窃贼主要以内部人员为主。

（4）晚上学生睡觉期间。由于一些寝室的学生思想麻痹大意，安全防范意识差，晚上睡觉不关门或寝室门虚掩，特别是气温较高的时候，极易引发盗窃案件。

应对方案

1. 如何避免宿舍被盗

（1）最后离开宿舍的同学，要关好窗户，锁好门。

（2）不要留宿外来人员。随便留宿不知底细的人，等于引狼入室。

（3）注意保管好自己的钥匙，不能随便借给他人或乱丢乱放，以防“不速之客”复制或伺机行窃。

（4）发现形迹可疑的人应提高警惕、多加注意，及时向公寓值班老师汇报，尽快派人调查处理。

（5）积极协助公寓管理员做好安全防范工作，严格控制可以进入宿舍的人员、时间及程序。

2. 发现宿舍被盗的处理

（1）如果发生盗窃案件，要冷静应对，立即报告公寓值班老师，同时封锁和保护现场，不准任何人进入。不得翻动现场的物品，切不可急急忙忙地去查看自己的物品是否丢失，以免影响公安机关人员准确分析、正确判断侦察范围和收集罪证。

（2）配合调查，实事求是地客观回答公安部门和保卫人员提出的问题；积极主动地提供线索，不得隐瞒情况不报。

（3）如果发现嫌疑人，应立即报告公寓值班老师，组织同学进行堵截，力争捉拿。

（4）如果发现银行卡和饭卡被盗，应当尽快到银行和饭卡管理处挂失。

（5）事后发现被盗，第一时间报告班主任老师，由班主任老师联系安保科进行调查、查看监控等工作，没有证据不可互相胡乱猜测并散布谣言。

《学生手册》

《学生公寓管理制度》第五条　安全保卫制度

3. 注意防盗。学生对自己的钱物应妥善保管，出门应关好门窗，入睡前要把门插好。门锁损坏，应及时报修。如有财物丢失，应及时报告公寓部，并保护现场，主动提供线索。

4. 学生应保管好自己的钥匙，钥匙丢失应及时报告公寓部。不得私配他人钥匙和砸门撬锁，否则严肃处理。

5. 对可疑的陌生人进入公寓要及时向公寓管理人员或保卫科报告。

7. 宿舍内不得存放贵重物品，存放现金不得超过百元。

学以致用

小组讨论，找出日常生活中的财产安全隐患，并制定预防措施。

____

____

____

____

____

第三讲 实习实训安全

一、校内实习实训安全

学习要求

1. 熟悉实习实训相关安全规章制度及设备的操作规程。
2. 具备自我安全防护的职业素质。

案例警示

2013 年 10 月 4 日，黑龙江省某职业院校实习学生全某，在陕西省某施工现场测量工作过程中，携带的测量卡尺碰触到高压线，受电击倒地。同行工作人员立刻拨打 120 送往医院抢救，最终抢救无效死亡。

2013 年 11 月，某技校焊工专业学生张某，在焊工车间实训时，因未按照安全规定操作，没有佩戴护具，导致焊接时将眼睛灼伤，后该生通过治疗，花费近两万元。

听我解释

学生实习时应该遵守哪些规定？

（1）考勤。

上班时，参加实习的学生要以班级为单位提前 10 分钟在各自车间楼前排队集合，

班长清点人数，在预备铃响前排队进入实训区，班主任在车间进行晨会。

实习课中间学生不允许乱串工位，不得私自离开车间。因特殊情况需要离开车间的，须经实习教师批准，并尽量安排在课间时间处理。

下班时，提前5分钟以班级为单位在实习车间内（或车间门口）排队集合，下班铃响后学生排队有秩序地离开实习区，各班离开实习区方可解散就餐。

实习课休息车间所有设备停止使用，关闭电路、气路、水路；学生离开实习工位，提倡到室外活动。

（2）劳动保护用品。

实习学生必须将工作服穿戴整齐方可进入实训区，学生不许在实训车间更换工作服。劳动保护用品穿戴不整齐的学生不许进入车间。

（3）实习场地卫生。

按照“7S”管理的标准保持实习环境干净整洁，每天早晨组织教学后打扫卫生，主要是擦拭设备、工作台、玻璃、窗台、墙壁、电气箱开关盒等地面以上设施。下班提前10分钟停止实习，首先关闭设备电路、气路、水路，检查设备操作手柄是否安全归位；然后将各自使用的工、夹、量具擦拭干净，归盒、归位；再将各自工位、设备打扫干净，将剩料、切屑、垃圾等分类归位；最后，值日生打扫地面卫生，将垃圾送到指定地点。

（4）实习设备、仪表、量具、工具及实训公共设施。

每天早晨要仔细地对设备进行日常检查；使用仪表、量具、工具时要轻拿轻放，分类放置在指定的安全位置，随时保持清洁整齐。每天下班前要以班级（小组）为单位将实习工具、量具收齐锁入工具箱。未经实习教师批准，任何学生不得将工卡量具、模具、刀具、原材料等带出实习车间。

（5）实训车间纪律。

实训车间内不允许有看小说、玩手机、玩 iPad、玩电子游戏、玩扑克、吸烟、睡觉等违纪行为；不许在车间追逐、疯打闹，对情节严重性质恶劣的学生停止参加实习。

（6）实习教学。

实习实训课前必须做好充分准备，必须预习实习实训内容并复习有关理论，了解实习实训课的目的、内容、要求、方法、步骤和实习场所应注意的事项等。

实习时学生必须严格要求自己，学习态度认真，及时完成实习任务，按时上交实习心得。

实习实训课结束后，必须打扫卫生，将仪器、工具整理好，经实习教师清点检查后方可离开。发现仪器、设备损坏，应报告老师，查清原因，如属违反操作规程而损坏者，按损坏仪器设备赔偿制度处理。

（7）安全文明生产。

实习期间要将安全放在首要位置，学生进出实习场所，必须服从实习教师指导，严格遵守各项规章制度，随时注意防电、防火、防爆，防患于未然。服从教师安排，文明生产，不经允许学生不得擅自动用其他设备。

应对方案

实习实训时应该掌握的安全知识。

实习实训是学生直接参与掌握技能的模拟生产劳动，势必要与电、煤气、化学药品、锋利的工具等接触，故安全问题更为重要。学生要做到以下几个方面：

（1）实习操作课期间，一律穿劳动保护用品，并提前穿戴好，做好一切准备工作，确保安全、文明生产。

（2）未经同意，不准动用或启动非自用设备及电闸、电门和消防器材。

（3）操作时必须精神集中，不准与别人聊天、阅读书刊和玩手机等。

（4）现场教学和参观时必须听从指挥，注意听讲，不得随意走动。

（5）必须严格遵守各实训室的制度和各工种的安全操作规程，服从教师的指导与管理。

（6）如发现故障或异常现象，立即报告值班领导和教师，未经允许，不得拆卸设备，确保安全。

（7）外出实习时，必须听从带队教师和企业实习负责人的安排，不得擅自缺岗。有突发情况应及时向师傅、实习负责人报告。

学以致用

分组讨论，完成一篇自己最熟悉、最感兴趣话题的心得体会。建议从以下话题中挑选：专业实习实训安全、外出实习安全。

____

____

____

____

____

____

____

____

二、跟岗、顶岗实习安全

学习要求

1. 了解跟岗、顶岗实习的重要性，保证跟岗、顶岗实习的安全，实现和谐高质就业。

2. 了解跟岗、顶岗实习安全注意事项，强化安全实习的意识。

案例警示

案例一

2009 年 8 月，某技校学生在企业顶岗实习。塑料粉碎机的入料口是非常危险的部位，按规定，在作业时必须使用木棒将原材料塞入料口，严禁用手直接填塞原料。以前他也多次用手操作，没出什么事，所以他觉得用不用木棒无所谓。但这次，厄运降临到他头上。右手突然被卷入粉碎机的入料口，一根手指被削掉。

规范操作

案例二

2011 级女生李某在天津顶岗实习期间，下班后私自去和新交往的男友约会唱歌，一直玩到深夜。在没有公交车也打不到正规出租车的情况下，她乘坐了一辆三轮车，在十字路口和一辆农用车相撞，导致颈椎骨折。

听我解释

在跟岗、顶岗实习期间，应掌握的安全知识。

（1）认真参加企业组织的岗前安全教育培训活动，并做好记录。

（2）牢记工作岗位的安全生产规定，掌握机器设备的正确操作流程，认真执行岗位安全操作细则，对自己不熟悉的设备，不准私自操作；学习了操作要求及规范后，在企业师傅的指导下进行操作，防止刀伤、碰伤、棒伤、砸伤、烫伤、跌倒及身体被卷入转动设备等人身事故和设备事故的发生。

（3）每天必须按照要求穿戴好劳动保护用品。

（4）实践操作中要听从师傅的安排，注意力集中，不开小差，不走神。严禁随意离岗、换岗，随时注意周围的安全隐患。

（5）和陌生人打交道要慎重，留心观察身边的人和事，及时规避可能针对自己的侵害，不得进入营业性娱乐场所。

（6）遵守交通规则，外出时注意交通安全，不乘坐无证经营、不正规的车辆。

（7）应该遵守作息时间，按时上班、下班和就寝，不能通宵上网玩游戏；保证足够的休息时间，保证良好精神状态正常的工作。

应对方案

在跟岗、顶岗实习期间，如何应对发生的意外？

（1）如发生意外情况马上通知相关责任人，能做紧急处理的立即处理，必要时到医院就诊。

（2）对重大问题应事先向单位实习指导人、班主任及学校反映，共同协商解决，学生不得擅自处理。

（3）如发现隐患（特别对因泄漏而易引起火灾的危险部位）应及时处理及上报；及时清理杂物、油污及物料，切实做到安全消防通道畅通无阻。

（4）发生案件、发现危险要快速、准确、实事求是地报警求助。

保证足够睡眠

及时报警

学以致用

1. 分组讨论实习中发生的真实案例。

____

____

____

2. 分组讨论在实习中我们还应采取哪些安全防范措施。

____

____

____

第四讲　预防校园欺凌

学习要求

1. 了解校园欺凌是一种违法行为，不欺负同学。
2. 有效预防校园欺凌，保证自身安全。

2017 年 2 月 28 日 15 时至 22 时，某职业学院的女学生朱某伙同另外四名女生在学校女生宿舍楼内，采取恶劣手段，无故殴打、辱骂两名女生。

期间，五名女被告人还脱掉一名被欺凌女生的衣服予以羞辱，并用手机拍摄了羞辱、殴打视频，事后还在自己的微信群内小范围进行了传播；其中一名被害人当天先后被殴打了三次。

经鉴定，两名被害人均构成轻微伤，其中一名被害人精神抑郁，目前仍无法正常生活、学习。

5 名未成年人均被判有期徒刑。

法院认为，被告人朱某伙同另外四名被告人无故随意殴打他人，造成二人轻微伤，辱骂他人情节恶劣，侵犯了公民的人身权利，严重影响公民的正常生活，破坏了社会秩序，已构成寻衅滋事罪，且系共同犯罪，依法应予惩处。

鉴于五名被告人实施犯罪时均未满十八周岁，在被羁押后均能如实供述自己的罪行，并考虑到五名被告人的父母积极赔偿被害人的经济损失，且取得了被害人谅解，依法对五名被告人从轻处罚。

最终，法院依法判决被告人朱某犯寻衅滋事罪，判处有期徒刑一年。

被告人赵某、李某、霍某、高某犯寻衅滋事罪，分别判处有期徒刑十一个月。

听我解释

1. 什么是校园欺凌

校园欺凌是指同学间一方单次或多次蓄意或恶意通过肢体、语言、网络或器械等实施欺负、侮辱，造成另一方身体伤害、财产损失或精神损害等的事件。主要表现行为有：

（1）拳打脚踢、掌掴、推撞、拉扯头发，使用管制刀具、棍棒等攻击行为。

（2）敲诈、强索金钱或物品，恐吓、威迫对方做他或她不想做的事。

（3）起侮辱性绰号，侮辱其人格，画侮辱画、写侮辱性文字等。

（4）中伤、讥讽、贬抑评论对方的体貌、宗教、收入水平、家人或其他。

（5）分派系结党，孤立、诬陷或排挤他人；传播关于消极谣言和闲话。

（6）网络欺凌，在网络发表不利的网络言论，曝光隐私，恶搞照片等。

（7）类似性骚扰般的谈论性或对身体部位的评论、讥笑等。

拳打脚踢、掌掴等暴力行为

用暴力胁迫弱小者，强索金钱或物品

在网上散布具有人身攻击的言论

在网上发布关于个人隐私的视频

用讥讽、侮辱性语言进行语言攻击

拍裸照上传网络，并以此相威胁

同学们，如果你正在对身边的人实施上面的行为，说明你正在实施校园欺凌，需要马上改正并道歉；如果你正在遭受上面的行为，说明你正遭遇校园欺凌，马上拿起有力的“武器”来保护自己。

2. 校园欺凌的行为性质

校园暴力是暴力行为的一种。只要这种暴力行为后果达到一定事实程度，就要依法追究刑事责任。现在还有些学生认为自己是未成年人，即使犯罪也不用负刑事责任。根据刑法的有关规定，已满十六周岁的犯罪应当负刑事责任。已满十四周岁不满十六周岁的人，犯故意杀人、故意伤害致人重伤或者死亡、强奸、抢劫、贩卖毒品、放火、爆炸、投毒罪的，应当负刑事责任。校园暴力的施害人如达到法定年龄，则法院应对犯罪嫌疑人加以刑罚，以维护法律的公平正义。

《治安管理处罚法》（摘要）

第二十六条　有下列行为之一的，处五日以上十日以下的拘留，可以并处五百元以下罚款；情节较重的，处十日以上十五日以下拘留，可以并处一千元以下罚款：

（一）结伙斗殴的；

（二）追逐、拦截他人的；

（三）强拿硬要或者任意损毁、占用公私财物的；

（四）其他寻衅滋事行为。

第三十二条第一款　非法携带枪支、弹药或者弩、匕首等国家规定的管制器具的，处五日以下拘留，可以并处五百元以下罚款；情节较轻的，处警告或者二百元以下罚款。

第四十二条　有下列行为之一的，处五日以下拘留或者五百元以下罚款；情节较重的，处五日以上十日以下拘留，可以并处五百元以下罚款：

（一）写恐吓信或者以其他方法威胁他人人身安全的；

（二）公然侮辱他人或者捏造事实诽谤他人的；

（三）捏造事实诬告陷害他人，企图使他人受到刑事追究或者受到治安管理处罚的；

（四）对证人及其近亲属进行威胁、侮辱、殴打或者打击报复的；

（五）多次发送淫秽、侮辱、恐吓或者其他信息，干扰他人正常生活的；

（六）偷窥、偷拍、窃听、散布他人隐私的。

第四十三条　殴打他人的，或者故意伤害他人身体的，处五日以上十日以下拘留，并处二百元以上五百元以下罚款；情节较轻的，处五日以下拘留或者五百元以下罚款。

有下列情形之一的，处十日以上十五日以下拘留，并处五百元以上一千元以下罚款：

（一）结伙殴打、伤害他人的；

（二）殴打、伤害残疾人、孕妇、不满十四周岁的人或者六十周岁以上的人的；

（三）多次殴打、伤害他人或者一次殴打、伤害多人的。

第四十四条　猥亵他人的，或者在公共场所故意裸露身体，情节恶劣的，处五日以上十日以下拘留；猥亵智力残疾人、精神病人、不满十四周岁的人或者有其他严重情节的，处十日以上十五日以下拘留。

第四十九条　盗窃、诈骗、哄抢、抢夺、敲诈勒索或者故意损毁公私财物的，处五日以上十日以下拘留，可以并处五百元以下罚款；情节较重的，处十日以上十五日以下拘留，可以并处一千元以下罚款。

《中华人民共和国刑法》（摘要）

第二百三十三条　【过失致人死亡罪】过失致人死亡的，处三年以上七年以下有期徒刑；情节较轻的，处三年以下有期徒刑。本法另有规定的，依照规定。

第二百三十四条第一款　【故意伤害罪】故意伤害他人身体的，处三年以下有期徒刑、拘役或者管制。

第二百三十五条　【过失致人重伤罪】过失伤害他人致人重伤的，处三年以下有期徒刑或者拘役。本法另有规定的，依照规定。

第二百三十八条第一款　【非法拘禁罪】非法拘禁他人或者以其他方法非法剥夺他人人身自由的，处三年以下有期徒刑、拘役、管制或者剥夺政治权利。具有殴打、侮辱情节的，从重处罚。

第二百四十六条第一款　【侮辱罪】【诽谤罪】以暴力或者其他方法公然侮辱他人或者捏造事实诽谤他人，情节严重的，处三年以下有期徒刑、拘役、管制或者剥夺政治权利。

第二百六十三条　【抢劫罪】以暴力、胁迫或者其他方法抢劫公私财物的，处三年以上十年以下有期徒刑，并处罚金；有下列情形之一的，处十年以上有期徒刑、无期徒刑或者死刑，并处罚金或者没收财产：

（一）入户抢劫的；

（二）在公共交通工具上抢劫的；

（三）抢劫银行或者其他金融机构的；

（四）多次抢劫或者抢劫数额巨大的；

（五）抢劫致人重伤、死亡的；

（六）冒充军警人员抢劫的；

（七）持枪抢劫的；

（八）抢劫军用物资或者抢险、救灾、救济物资的。

第二百六十四条　【盗窃罪】盗窃公私财物，数额较大的，或者多次盗窃、入户盗窃、携带凶器盗窃、扒窃的，处三年以下有期徒刑、拘役或者管制，并处或者单处罚金；数额巨大或者有其他严重情节的，处三年以上十年以下有期徒刑，并处罚金；数额特别巨大或者有其他特别严重情节的，处十年以上有期徒刑或者无期徒刑，并处罚金或者没收财产。

第二百七十四条　【敲诈勒索罪】敲诈勒索公私财物，数额较大或者多次敲诈勒索的，处三年以下有期徒刑、拘役或者管制，并处或者单处罚金；数额巨大或者有其他严重情节的，处三年以上十年以下有期徒刑，并处罚金；数额特别巨大或者有其他特别严

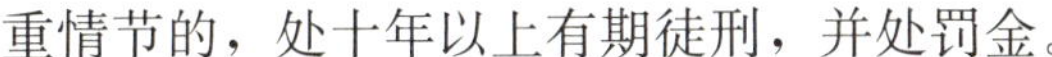

重情节的，处十年以上有期徒刑，并处罚金。

第二百九十三条第一款　【寻衅滋事罪】有下列寻衅滋事行为之一，破坏社会秩序的，处五年以下有期徒刑、拘役或者管制：

（一）随意殴打他人，情节恶劣的；

（二）追逐、拦截、辱骂、恐吓他人，情节恶劣的；

（三）强拿硬要或者任意损毁、占用公私财物，情节严重的；

（四）在公共场所起哄闹事，造成公共场所秩序严重混乱的。

应对方案

1. 如何预防校园欺凌

（1）穿戴和学习用品尽量低调，不要随身携带大量现金和贵重物品，不要过于招摇。

（2）团结同学，不要去挑逗比较霸道和强悍的同伴；控制自己情绪，不主动与同学发生冲突，一旦发生及时找老师解决。

（3）锻炼身体，树立自信，形成健全人格。

（4）自珍自爱，提高警惕，尽可能结伴而行，女生注意夜间行走安全。

（5）不要在网络上泄露自己的私人信息，不上传自己的照片。

（6）上网时要谨慎，不散布攻击性语言，不传播或转发，坚决不与网友见面。

2. 遭遇了校园欺凌应该怎么办

（1）沉着冷静，采取迂回战术，尽可能拖延时间。

（2）人身安全永远是第一位的，不要激怒对方。

（3）暂时顺从对方，按对方说的去做，为自己争取时间。

（4）在合适的时机，向同学、老师呼救求助。

（5）事后我们要及时向老师、警方报告，拿起法律的有力武器保护自己，不要因害怕报复而忍气吞声，这样只会给自己带来更大的伤害。

（6）如果你在网上收到了令你不安的信息或者碰到难以作出决定的事情，不要立即做出响应，要马上离开，并告知父母或老师。

《学生手册》

《违纪学生处罚办法》

第十一条　肇事、策划打架、参与打架、作伪证、为打架提供凶器者，分别给予下列处罚……

3. 对恃强凌弱、以大欺小等涉嫌校园欺凌者视情节给予记过以上处分，或报警交由公安机关处理。

学以致用

分小组讨论：对于校园欺凌，我们应采取哪些防范措施？

____

____

____

____

____

____

____

第五讲　使用手机的利与弊

学习要求

1. 了解使用手机的利与弊。
2. 克服手机依赖，合理使用手机。

案例警示

2010 年 7 月，福建某校一名中学生在家中突然晕倒，被父母送到医院，医院诊断为脑瘤。经他父母回忆，儿子一直使用手机，连睡觉都放在枕边。医生通过病人家属的回忆，确定该生是因为长时间使用手机，手机的电磁波长期对脑细胞的影响导致脑细胞恶变，生成脑瘤。

听我解释

1. 使用手机的有利面

（1）与以前同学多交流，可以保持原有的友谊；与现在同学多交流，可以增进友谊；遇到疑难问题时，可以用手机进行讨论。

（2）手机的拍摄功能，可以随时拍下一些有意义、有价值的东西。

（3）手机的闹钟装置，可以随时使用。

（4）当学生外出游玩遇到危险时可以及时向家长、老师或警察求助。

（5）手机便捷的网络功能促进信息化教学的顺利进行。

2. 使用手机的有害面

（1）网上聊天，影响休息，贻误学业。事实证明，孩子用手机学习的居少，看网页、聊天、玩游戏的居多。

（2）不良信息，玷污心灵。手机上的资讯鱼龙混杂，一些不健康的内容会通过各种途径入侵，直接影响学生的心理健康。

（3）造成盲目攀比现象。曾有报道，一少年为了得到一部 iPhone，甚至卖掉了自己的一只肾脏。

（4）导致人与人之间缺少尊重。有人说，今天人与人之间最大的尊重变成了在一起的时候，克制住自己不低头看手机。

（5）沉迷于虚拟的社交环境中，影响了人与人之间真诚的交流，造成社交缺位。

（6）影响健康。长期用智能手机会影响视力，且易诱发颈椎病或大拇指肌腱发炎，严重时可能造成身体残疾。

（7）走路看手机，使公共安全系数降低。尤其走路时看手机，影响身体安全和财物安全，新闻中出现过行人路上看手机掉入排水孔、过马路看手机丢了孩子的报道。

（8）手机的“智能”部分替代了人脑的思索，钝化了人脑的语言和计算功能，许多人已不会算账。网络语言可能会弱化人们的写作能力，有些文字的书写，要查了手机才能“确定”。

应对方案

正确使用手机，让手机方便我们的生活，而不要束缚我们的生活。

（1）不带手机上学。

（2）掌握好开机和关机时间。

（3）选择恰当的使用场所。

（4）交流内容和对象的恰当选择。

在日常学习中，家校联合监督手机的使用比较有效，下图是某校的一种做法。

关于“禁止学生携带手机入校”告家长书

尊敬的家长：

您好！

感谢您对我校信任将孩子交给我们，我们也倍感压力，为学生营造一个和谐、健康、文明、安全的学习氛围和生活环境，一直是我们共同的心愿，而手机就像是一把锋利的“双刃剑”，学生配手机，确实方便了与家长的沟通和联系，但不是每个同学都有很强的自控力，很多学生把手机当作与电脑一样的玩具，弊端很多，其负面影响不可忽视，严重地影响了我校的管理和学生的学习。

为进一步净化校园环境，“禁止学生携带手机入校”是我校对学生的一项常规要求，对此特作以下说明：

1. 手机辐射严重影响未成年人身体健康，降低记忆力，非常不

学生不带手机进校园信守承诺书

为了身心健康，为了父母的期待，为了人生理想的实现，我要远离手机。“智勇多困于所溺”，人生美好的征程，怎能因沉溺于手机而毁于一旦呢？忧劳使人进步，安逸享乐使人一事无成。

鉴于以上原因，我庄严承诺：不配用手机，不将手机和其他电子娱乐产品带进校园，不用手机上网、聊天、玩游戏等。从即日起，如有违反，自愿接受学校及班级的相应处理。上述承诺，承诺人将严格守约，言而有信，请老师和同学们监督。

承诺学生签名：　　　　家长签名及意见：

2018年9月2日

《学生手册》

《关于禁止学生校园内携带手机的管理规定（试行）》

为严肃校规校纪，加强教育教学管理，进一步优化育人环境，特制定本管理办法。

第一条　学生在校期间禁止携带和使用手机等移动通信设备，可以使用公用电话与家长联系。

第二条　学生在校园内携带手机等移动通信设备，一经发现，按下列办法之一处置：

（一）责令该生书面检查违纪行为，扣学生个人品德考核 10 分，同时给该同学所在班级扣除考核 5 分，没收该生手机，班主任通知到家长，并由班主任统一保管至学期末，学期末由家长领回手机。

（二）有下列情形之一的，给予警告直至开除学籍的处分：

（1）屡教不改者；

（2）拒不书面检讨在校擅自使用手机行为的；

（3）拒不交出在校擅自使用的手机的；

第三条　因私自携带手机进入学校，其在校期间手机丢失，学校概不负责。

（4）**《山东省学生体质健康促进条例》（2018 年 11 月 1 日起实施）**规定：

中小学校应当加强学生在校期间电子产品使用管理，指导学生科学规范使用电子产品；严禁学生将个人手机、平板电脑等电子产品带入课堂。

学以致用

1. 分组讨论手机带来的好处及困扰。

____

____

____

2. 开展一场有关“手机使用利与弊”的辩论赛。

____

____

____

第六讲　学生自我管理

学习要求

1. 了解学生自我管理的意义。
2. 了解学生会组织构成及管理方法。
3. 掌握如何配合学生干部规范自我、提升自我。

案例警示

案例一

某职业学校在某天晚休期间开展宿舍物品大检查，在值班老师的带领下，学生会干部有条不紊地检查，查到208宿舍时，该宿舍学生刘某以学生会干部无权侵犯其隐私为由拒绝检查，经值班老师教导后，认识到自己的错误，接受检查。

案例二

某职业学校学生会开展“身边的文明”摄影活动，学生会干部每人有一天带手机的机会，学生会干部李某用手机拍摄被学生吴某看到，吴某并没有举报。第二天，李某在执勤检查中发现吴某吸烟，按照规定进行违纪登记，吴某说：“你凭什么抓我？你没玩手机吗？你一直都遵守校规校纪吗?”对李某大加指责，拒不在纪检单上签名。

案例三

张某在担任学生会干部期间，利用职务便利对自己班级同学或朋友出现的违纪情况不予记录，而且还以“面子”之类的理由阻拦其他学生会干部记录；不仅如此，张某还在宿舍卖小吃、辣条等物品获取利润，严重违反了学校的规章制度和学生会干部的职责。

听我解释

学生干部是学校里的公众人物，是学校的风向标，要严格要求自己，以身作则，要时刻注意自己的言行，要引领正能量、新风尚。

学生干部包括班级干部、学生会干部。

1. 班级干部

在班级管理中发挥着重要作用，他们执行、落实班主任老师和任课老师的要求，做老师与同学的沟通桥梁、纽带，站在学校的立场，理解学生的心理，妥善解决问题。

班级管理应该在班主任的主持下，培养锻炼学生不断提高自我管理、自我提升的能力，培养一批工作能力强、作风正、敢负责、勇于担当、勇于付出的班级干部。受记过以上处分一学年内不得担任班级干部。

2. 学生会干部

学生会是在学生科领导、指导下的学生自治组织。学生会在学生科的领导、指导和支持、帮助下，团结全体学生进行工作。学生会以全面发展、提高综合素质为目标，以学习做人和处事、掌握专业技能为中心，倡导自我服务、自我管理、自我教育，组织全体学生开展丰富多彩、生动活泼的学习、科技、文艺、体育、志愿服务、公益劳动等各类活动，引导同学们不断提高政治觉悟和道德水平，树立立志成才、立志报国远大理想，增强劳动观念，增进身心健康，维护同学的正当权益，反映同学的建议、意见和要求，促进同学之间，同学与教职工之间的团结协作，协助学院创造良好的教学秩序和学习生活环境，为学生的健康成长服务。学生会是学生自我管理不可或缺的重要力量。

学生会干部早起清扫公寓门口积雪

学生会构成及职责：实行“大学生会”理念——各部之间既要有详细的明确分工，又要有亲密无间的交叉合作，真正发挥团队的力量，弥补学生干部个人工作经验及能力的不足。

秘书部：负责日常管理检查扣分的核实、登记，检查督促各部日常工作上报学生科，上传下达以及落实情况检查。

卫生部：全面负责每天早上、课外活动室外卫生的督促检查。

体育部、生活部：负责早操的组织检查工作，检查人员到位及跑操纪律；各种活动以及集会等的人员组织、检查；课余时间对室外各方面纪律的检查。

公寓部：全面负责学生回到公寓楼后的各方面工作。人员到位情况、请假单检查，内务、卫生的督促检查，午晚休纪律的督促检查，违禁品等安全检查。

教学部：全面负责教学楼内卫生、安全、纪律的督促检查。

宣传部：协助团委做好学生社团、活动的组织。

申请程序：担任班级干部一学期以上，提出书面申请，班主任老师同意签字，上交学生科审批，实习一个月经考核合格正式加入。

管理：定期进行培训，高标准严要求，努力提高综合素养，以适应学生会工作需要。

奖：每学期都会根据学生会管理规定，对学生会干部的工作进行考核，在德育百分考核、评优、实习、就业等方面会根据考核成绩进行相应的奖加分。

惩：学生会干部违反校规校纪、《学生会干部守则》等管理规定，严格按照规定处理。严重违纪失职、渎职等不仅退回班级，还要按照学校的有关规定从严处理。

应对方案

1. 学校、班主任要树立学生干部的权威

学生干部代表班主任、学生科履行对全体学生在校期间全方位的监督检查的职责，所有学生都必须无条件服从管理，积极配合他们的工作。

2. 正确看待学生干部

要多理解学生干部的辛苦，多想想对同学们学习生活的作用，多包容他们在工作中的失误，多帮助他们和你一起成长。

同时也要看到，学生干部也是学生，也需要大家的监督，发现学生干部自身在遵规守纪上存在的问题、在履行学生会职责时的不良现象，要及时报告班主任、学生科。

《学生手册》

《违纪学生处罚办法》

第十五条　不尊敬师长、不服从管理者，分别按下列条款处罚……

3. 不服从学校管理（包括班主任、任课教师、学生会干部、班级干部）的视情节给予留校察看或勒令退学处分。

学以致用

分组讨论，同学们遇到过自我管理中的什么问题？应如何采取应对措施？

____

____

____

____

第七讲　预防纠纷与斗殴

学习要求

1. 了解纠纷和斗殴的起因及危害。
2. 掌握化解纠纷和斗殴的方法。

案例警示

案例一

某技校学生张某与李某是同学，张某性格孤僻，李某经常对其讥讽、嘲笑，张某怀恨在心，遂产生报复心理。某日早晨张某与李某双方因生活琐事再次产生矛盾。放学后张某将李某叫到某公园“解决问题”，因言语不和，张某首先动手打李某，并用拳头猛砸李某头部，使其头部多处肿胀青紫，血流满面。李某在厮打过程中将张某鼻梁骨打折。因同室马某、王某、周某当时在场偏袒一方，导致当事人双方均有伤害。事后学校给予张某留校察看处分，其他几位同学均受到处分。

案例二

某校两个同学因买饭拥挤而动手，情急中一位同学将一碗热汤扣到另一位同学头上，烫瞎了这位同学的眼睛。当他锒铛入狱时，留给同学们的话是：“没想到几分钟就犯了大罪，早知道这样，我是绝不会还手的。”他这一出手不仅伤害了对方，同时也葬送了自己的美好青春和前程。

听我解释

1. 学生中发生纠纷的原因

(1) 网络上各种论坛、贴吧、各种群乱说话容易发生纠纷。

(2) 早恋、不能正确处理男女同学关系容易发生纠纷。

(3) 随便议论别人、同学间乱猜疑容易发生纠纷。

(4) 骂人或不尊重别人容易发生纠纷。

(5) 妒忌他人容易发生纠纷。

(6) 不谦虚，狂妄自大，目中无人，容易发生纠纷。

(7) 极端利己，不容他人，争强好胜容易发生纠纷。

(8) 不拘小节容易发生纠纷。

(9) 开玩笑过分或刻意地挖苦别人容易发生纠纷。

表现形式主要是两种：一是争吵斗嘴，互相攻击、谩骂；二是打架斗殴，争吵不断升级，发展为你推我搡，最后大打出手。两种形式联系紧密，以争吵开始，以打架，甚至造成伤害告终。还有其他一些形式，如写恐吓信，背后进行造谣、诬蔑等。正如一位哲学家所说：“愤怒以愚蠢开始，以后悔告终。”

2. 打架斗殴可能造成的后果

(1) 侵犯他人的人身权利（重者会触犯法律）。

(2) 干扰学校的正常教学和生活秩序。

(3) 妨碍内部团结，破坏同学间的友谊。

(4) 害人害己。

应对方案

1. 怎样防止纠纷和斗殴

纠纷是生活中的常见现象，又往往会造成严重后果。所以大家应尽力防止发生纠纷，避免一失足成千古恨。

（1）树立团队意识，不搞小团体。

同学间要珍惜相互缘分，要团结友爱。特别是同班同学更不能拉帮结伙、按地域、性别、宿舍搞各种小团体，排斥其他人。

（2）冷静克制，切莫莽撞。

无论争执由哪一方引起，都要持冷静态度，不可情绪激动，切记，冲动是魔鬼！

（3）诚实、谦虚。

诚实、谦虚并不是懦弱、妥协，恰恰相反，它是你强大和品德高尚的表现。在与同学以及其他人相处中，诚实、谦虚是加强团结，增进友谊的基础，也是消除纠纷的灵丹妙药。

（4）注意语言美。

俗话说“病从口入，祸从口出。”实践证明，学生之间的纠纷多数由口角引起，而口角的发生都是恶语伤人的必然结果。要做到语言美，一是说话要和气，心平气和地与人说话，以理服人，不强词夺理，不恶语伤人；二是说话要文雅，谈吐雅致，不说粗话、脏话；三是说话要谦虚，尊重对方，不说大话，不盛气凌人。

（5）学会包容，学会尊重。

职校生面临就业，步入社会，要面对社会上形形色色的人，与各种人打交道，这就需要学习尊重别人，要多包容别人的缺点、错误。

（6）学会寻求帮助。

在校找老师，校外找警察。在校期间不可避免会与同学产生一些矛盾，要通过老师、学校来解决。不要通过“大哥”“大姐”替自己出头、撑腰，更不能让校外人员掺和其中。

防止发生纠纷的总的原则是：各守本分，互谅互让，求同存异，理解万岁。

2. 遇上别人打架怎么办

如果你遇上别人打架斗殴，请别火上浇油，要防止扩大事态，并希望做到以下几点：

（1）不围观，不起哄，不介入。马上报告学生会干部、值班老师、离你最近的老师。

（2）如果你想劝解，应当先问明情况，站在公正的立场上做双方的工作。若劝解无效，应迅速向学校有关领导或保卫部门报告，以防事态扩大。

（3）打架的一方如果是你的同学或熟人，在劝解时要主持公道，不可偏袒。在采取隔离措施时，应当首先拉自己的同学或朋友，以免被对方误解，将你当做“同伙”而无故受到伤害。

（4）当学校有关部门调查打架真相时，现场目击人要勇于站出来向有关部门提供线索和证据，以保护受害人的合法权益，使肇事人受到惩处，见义勇为是每一个公民应有的道德。

《学生手册》

《违纪学生处罚办法》

第十一条　肇事、策划打架、参与打架、作伪证、为打架提供凶器者，分别给予下列处罚：

1. 寻衅滋事，不守秩序、不听劝阻，用语言侮辱或用其他方式触及他人，引起事端或激化矛盾，造成打架后果者，预谋、策划打架者，参与打架者，在拉架中偏袒一方或作伪证者，视情节给予严重警告以上直至勒令退学处分。

2. 勾结校外人员到校内闹事者、参与社会打架斗殴者，视情节给予留校察看或勒令退学处分。

学以致用

分组讨论，同学还遇到过什么纠纷？应采取哪些防范措施？

项目二　意外伤害篇

安全健康，不仅是学生希望的，也是家长、老师、社会希望的。学生自控能力差，容易发生意外伤害。据统计，每年有数万名学生，发生各种各样的意外伤害，给学生本人、家庭、学校和社会带来不幸。本项目从六个方面来阐述我们身边的意外伤害：校园防踩踏、管制刀具的危害、水电安全、防溺水、体育活动安全、其他伤害应对。同学们，我们要让安全的警钟长鸣，请记住：安全无小事，处处要小心。

第一讲　校园防踩踏

学习要求

1. 了解踩踏事故极易发生的原因。
2. 认识踩踏事故的严重性，知道如何预防踩踏事故的发生。
3. 通过防踩踏演习，把安全知识落到实处。

案例警示

2017 年 3 月 22 日上午，濮阳县某小学发生一起踩踏事故。由于要进行月考，因此出现学生“集体上厕所”的情况，并出现混乱，导致事故的发生。事故共造成 22 名学生受伤，其中 1 人在送往医院途中死亡，5 人重伤。

这起事故发生的学校共有 3 个年级，23 个班，共 1 704 名学生，厕所在教学楼隔壁的一个二层楼上，平时上厕所采用错峰的方式，下课后一楼的学生先有 2 分钟的时间上厕所，然后二楼的学生 2 分钟，最后三楼的学生 2 分钟，事发当天学校要进行月考，8 点 20 分早读课结束，8 点 30 分开考之间，学生集体上厕所，没有采用错峰的方式，据知情人介绍，事故的发生是因为 2 楼上完厕所的学生下楼时与上楼的学生产生拥挤从而引发的事故。

听我解释

1．踩踏事件的危险性

公共场所发生人群拥挤踩踏事件是非常危险的，当身处这样的环境中时，一定要提高安全防范意识。在行进的人群中，如果前面有人摔倒，而后面不知情的人若继续向前行进的话，那么人群中极易出现像“多米诺骨牌”一样连锁倒地的拥挤踩踏现象。

2．造成校园踩踏事故的原因

（1）时间多在放学或集会、就餐之时，学生相对集中，且心情急迫。

（2）事故发生地点多在教学楼一、二层之间的楼梯拐弯处，上面几层的学生下到此处相对集中，形成拥挤。

（3）学生不易控制自己的情绪，遇事慌乱，常常出现拥挤并大喊大叫的现象，使场面失控。

（4）学生不善于自我保护，在拥挤或弯腰拾物时被挤倒，造成挤压事故。

（5）平时缺乏对事故防范知识的学习和训练，无应急措施。

（6）晚上突然停电或楼道灯光昏暗，造成拥挤事故。

1. 出现混乱局面后怎么办

（1）在拥挤的人群中，要时刻保持警惕，当发现有人情绪不对，或人群开始骚动时，就要做好保护自己和他人的准备。

（2）此时脚下要敏感些，千万不能被绊倒，避免自己成为拥挤踩踏事件的诱发因素。

（3）当发现自己前面有人突然摔倒了，马上要停下脚步，同时大声呼救，告知后面的人不要向前靠近。

（4）若摔倒，要设法靠近墙壁。面向墙壁，身体蜷成球状，双手在颈后紧扣，以保护身体最脆弱的部位。

2. 如何保持心理镇定

（1）在拥挤的人群中，一定要时时保持警惕，不要被好奇心理所驱使。当面对惊慌失措的人群时，更要保持自己情绪稳定，不要被别人感染，惊慌只会使情况更糟。

（2）已被裹挟至人群中时，要和大多数人的前进方向保持一致，不要试图超过别人，更不能逆行，要听从指挥人员口令。同时发扬团队精神，因为组织纪律性在灾难面前非常重要，专家指出，心理镇定是个人逃生的前提，服从大局是集体逃生的关键。

（3）如果出现拥挤踩踏的现象，应及时联系外援，寻求帮助，赶快拨打 110 或 120 等。

3. 防踩踏常识

（1）上下楼梯要相互礼让，靠右行走，遵守秩序，注意安全。

（2）在上操、集合等上下楼活动中，不求快，要求稳。例如：在带出教学楼集会时，按照老师和学生会的统一组织、指挥，先从一楼开始带出，再二楼、三楼、四楼依次带出。集会结束后返回教室时（特别是带凳子的情况），等所有学生都进入各自教室后，老师或者学生会干部下达口令“可以自由活动”后，方可离开教室或下楼。

（3）不准在楼梯间打闹、搞恶作剧等。

（4）上课期间，教学大楼的所有大小门都要打开，一旦发生拥挤踩踏或者火灾等问题，便于及时有效地疏散。

（5）楼梯发生踩踏等安全事故时，教师要及时组织疏导，防止事态进一步扩大。

（6）一旦发生踩踏等安全事故，在现场的教师要马上报告学校领导。

学以致用

1. 定期开展疏散安全演练。

2. 防踩踏演习（评出安全团队）。

（1）把全班学生分成两组，一组在楼梯上，另一组在楼梯下，都距离楼梯 50 米。教师发出命令，两组学生同时出发，都要经过这一段楼梯，到达对方原来所在地，看哪一组学生安全又最先集合完毕（这是模拟两股人流同时着急上下楼时的情景）。

（2）把全班学生分成两组，站在距楼梯二十米处，待教师发出命令后同时出发，走下这一段楼梯，看哪一组先到达楼梯下二十米处集合完毕（模拟出操时大量学生同时下楼时的情景）。

第二讲　管制刀具的危害

学习要求

1. 认识管制刀具，了解管制刀具带来的危害。
2. 增强自我保护意识，养成学法、懂法、依法办事的好习惯。

案例警示

案例一

2014 年 12 月 2 日上午，黄某（15 岁）因同班同学林某与梁某发生争执，即陪同林某到教室找梁某理论，并约定时间地点“练一练”。

12 月 5 日 16 时许，黄某纠集肖某（15 岁）、钟某（17 岁）和温某骑摩托车依约至某校门口，欲帮林某与梁某打架，因林某已由其姐姐接回，且正值学校放学之时，双方没有打架，随后黄某又与梁某约好第二天下午二点到某校后操场打架，双方为了打架还互留了 QQ 号。

12 月 6 日 14 时许，梁某依约一人背着内装双节棍的书包前往某校后操场应架，黄某得知梁某已经带人到了某校后操场，即纠集肖某、钟某及温某、刘某、戴某一起分乘两部助力车赶至某校后操场，并在现场碰到闻讯赶来的郑某、雷某。黄某在现场其他人员的怂恿下率先冲上前用拳头殴打梁某的头部，随后，肖某、钟某及戴某、郑某、雷某也上前围殴梁某致其受伤倒地。其中：肖某持摩托车大锁击打梁某的头、颈部，钟某也持摩托车大锁上前，并用脚踢了梁某的腿部；其他人用脚踢了梁某的屁股及腿部。打得差不多之后，三人一起逃离现场。梁某被殴打致伤倒在地上，由他人报 120 救护电话，并经医生现场抢救无效死亡。

案例二

2014 年 9 月 23 日、24 日，许某（未满 15 周岁）因走路姿势、发型等遭到同为某中学学生的被害人林某等人的不满、指责而心生怨恨，扬言要殴打林某。2014 年 9 月 24 日下午课间，林某、黄某、翁某将许某约至学校教学楼厕所，许某返回宿舍携带一把水果刀赴约。在厕所内，林某及黄某等人用手打、用脚踢许某。随后许某在遭到围殴的情况下，抽出随身携带的水果刀将黄某、林某、刺伤。经鉴定，被害人黄某的人体损伤程度为重伤二级，林某的损伤程度属轻微伤。

听我解释

1. 对管制刀具的界定

根据《公安部对部分刀具实行管制的暂行规定》第 2 条规定，管制刀具包括：匕首、三棱刀（包括机械加工用的三棱刮刀）、带有自锁装置的弹簧刀（跳刀）以及其他相类似的单刃、双刃、三棱尖刀。

其他刀具。如水果刀、工艺刀具等能够对人身造成伤害的刀具。

2. 学生携带管制刀具的危害

（1）由于玩耍而伤及自己或他人，严重者构成犯罪。

（2）容易被不法分子利用，成为犯罪工具，危害公共安全。

（3）容易助长学生逞强好胜的心理。一旦与同学发生冲突，随身携带的管制刀具很可能成为实施犯罪的工具。

匕首

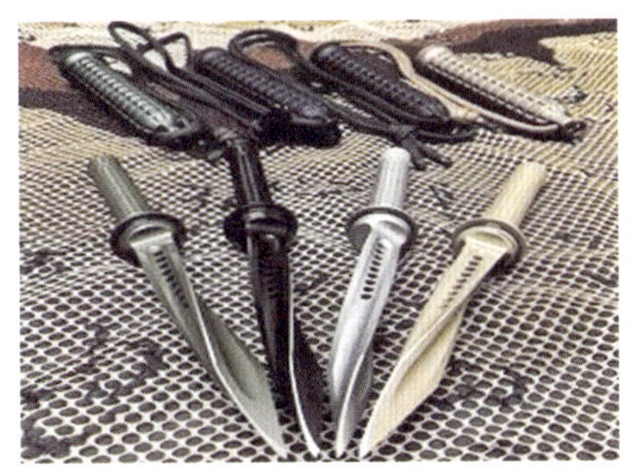

三棱刮刀

水果刀

各类军刀

应对方案

（1）要遵法、学法、守法、用法。

（2）如发现身边有管制刀具携带者，怎么办？

1）第一时间报告值班领导、班主任等。

2）提醒携带者，勿伤及他人。

3）要有机警的报警意识，即遇危险时临危不惧，寻找脱身时机，求助警方帮助。

学以致用

1. 搜集身边管制刀具造成的危害及严重后果的案例。

____

____

____

2. 定期进行管制刀具排查和收缴。

____

____

____

第三讲 水电安全

学习要求

1. 掌握安全用电的原则。
2. 提高学生的安全自救及预防意识。

案例警示

2006 年某日上午 10 时许，上海一名年仅 20 岁的学生在使用电脑时，不幸触电身亡。事故原因是由于天气炎热，该学生腿部大量出汗，他的脚无意触到电源插座。

听我解释

1. 电流对人体造成的伤害

电流对人体的伤害有三种：电击、电伤和电磁场生理伤害。

电击是指电流通过人体，破坏人体心脏、肺及神经系统的正常功能。

电伤是指电流的热效应、化学效用和机械效应对人体的伤害，主要是指电弧烧伤、熔化金属溅出烫伤等。

电磁场生理伤害是指在高频磁场的作用下，人会出现头晕、乏力、记忆力减退、失眠、多梦等神经系统的症状。

一般认为，电流通过人体的心脏、肺部和中枢神经系统的危险性比较大，特别是电流通过心脏时，危险性最大，所以从手到脚的电流途径最为危险。

触电还容易因剧烈痉挛而摔倒，导致电流通过全身并造成摔伤、坠落等二次事故。

2. 学生公寓不能使用大功率电器的原因

首先，学生公寓属于公共住宿场所，涉及公共安全利益，使用大功率电器极易引起电线超负荷，造成电流增加，电线发热，超得越多，发热也越快。电线绝缘层允许温度一般为 60℃，如果线路长期超负荷运行，线路发热量增大，绝缘层会加速老化。当温度大于 250℃时，绝缘层会发生自燃，并与电线分离，造成短路而发生火灾事故。其次，学生宿舍供电线路、配电设施较为薄弱，客观上不允许使用大功率电器。

3. 不能乱拉乱接电线的原因

一是不懂电工专业知识的人，在乱接电线中因错误接线容易造成事故，或连接不牢固形成接触电阻过大而引发火灾事故；二是导线的设计容量是有限的，乱接电线造成接入过多的负荷，容易因过负荷而造成火灾。

应对方案

1. 安全用电标志

统计表明，不少电气事故是由于标志不统一而造成的。例如由于导线的颜色不统一，误将相线接设备的机壳，而导致机壳带电，酿成触点伤亡事故。

标志分为颜色标志和图形标志。颜色标志常用来区分各种不同性质、不同用途的导线，或用来表示某处安全程度。图形标志一般用来告诫人们不要去接近有危险的场所。为保证安全用电，必须严格按有关标准使用颜色标志和图形标志。我国安全色标采用的标准，基本上与国际标准草案（ISD）相同。一般采用的安全色有以下几种：

（1）红色：用来标志禁止、停止和消防，如信号灯、信号旗、机器上的紧急停机按钮等都是用红色来表示“禁止”的信息。

（2）黄色：用来标志注意危险。如“当心触电”“注意安全”等。

（3）绿色：用来标志安全无事。如“在此工作”“已接地”等。

（4）蓝色：用来标志强制执行。如“必须戴安全帽”等。

（5）黑色：用来标志图像、文字符号和警告标志的几何图形。

按照规定，为便于识别，防止误操作，确保运行和检修人员的安全，采用不同颜色来区别设备特征。如电气母线，A相为黄色，B相为绿色，C相为红色，明敷的接地线涂为黑色。在二次系统中，交流电压回路用黄色，交流电流回路用绿色，信号和警告回路用白色。

2. 安全用电原则

（1）电器设备安装要符合技术要求。

（2）不接触高于36V的带电体。

（3）不靠近高压带电体。

（4）不弄湿电器。

（5）不损坏电器设备中的绝缘体。

3. 学校里怎样安全用电

（1）不使用、不安装大功率的电器，如热得快等。

（2）教室、宿舍不准私拉电线，乱接插头。

（3）做到及时关灯、关电源以免灯具和线路发热引起火灾。

（4）要爱护用电设备，不准随便扳动、毁坏电器开关。

学以致用

对以下问题进行讨论并给出合适的答案：

1. 一天，某校学生小明在打扫教室卫生时，发现教室的电风扇上有很多灰尘，他便拿起湿漉漉的抹布去擦电风扇上的灰尘，这种做法对吗？

____

____

2. 小花家的电线突然起火了，小花赶紧用水往电线上浇，想把火熄灭。

____

____

3. 教室电源开关保险丝断了，你可不可以自己接？

____

____

4. 有位同学在教室触电了，你会用手去拉他吗？为什么？

____

____

5. 发现电器有冒烟、冒火花、发出焦煳的异味等情况，你该怎么做？为什么？

____

____

第四讲　防溺水

学习要求

1. 了解溺水的主要原因和自救的方法，强化防溺水的意识。
2. 了解生命的来之不易与宝贵。

案例警示

案例一

2013 年 5 月 11 日，某县中学 8 名同学相约到东江岸边烧烤，吃饱喝足后已经很晚。随后，两人继续烧烤，其余 6 人到岸边玩水，其中 4 人脱衣服到离岸较近的江里戏水。玩了十来分钟，其中 1 人开始下沉，并挥手喊救命。另外 3 人手拉手想去救他，结果几人接连沉入江中。正在烧烤的 1 人听到呼救，也跑到江边施救，结果也掉入江中，5 人相继溺水失踪。

案例二

2004 年 7 月 14 日，黑龙江省七台河市，某校高一五班的部分同学自发组织到该市万宝水库游玩。一路上，同学们有说有笑地走在陡峭的山道上，欣赏着周围迷人的自然风光。16 岁的女生李晴独自一人到没有护栏的水库边去洗手，水泥筑的大坝比较平整，长长的斜坡坡度较陡，临近大坝的水下部分长满了青苔，就在这时，意外发生了。她滑了下去，而且速度很快。不会游泳的李晴一下子慌了神，她一边挣扎，一边呼救。正在附近玩耍的李全瑞和徐忠宝同学，听到呼救后疾步赶了过来。他们手拉着手下水去救人，就在快接触到李晴的手时，不习水性的李全瑞和徐忠宝脚下一滑，湖水立刻淹没了他们的头顶。他们漂得越来越远，似乎已经感到离死亡越来越近。包括李凯在内的8名男生见此情形，马上向大坝跑去。他们组成了两组人链，手拉着手到湖里营救落水的3名同学。这个时候，落水的同学已经距岸边有六七米远，房卫鑫等同学也已走到了没腰深的水里，就在这时，意外再次发生，站那儿的同学一连串地滑倒了。房卫鑫和李凯由于离岸边较近，被同学拉上了岸，而其他的3名同学沉入水中后一下子就不见了踪影。就在这时，16岁的女生张治宇从山上跑过来，冲到大坝边上。她跳下水，游向八九米远处正在挣扎的李晴。李晴就像抓住了救命草似的紧紧抓住了张治宇的手臂。慌乱中同学们哭泣着向路人求救，几位会游泳的民工，二话没说就跳进水里，搜救落水少年。因为水特别浊，能见度也就1米多远，几个人一个劲地往前游一个劲地找。与此同时，同学们赶紧给120急救中心打电话。当几个孩子被捞上岸时，已经面色青紫瞳孔散大，溺水很长时间了。其中5名同学随后被送往医院抢救，但由于溺水时间过长，这5名同学最终抢救无效死亡。

听我解释

1. 溺水的原因

（1）大量水藻、草类、泥沙进入口鼻、气管和肺，阻塞呼吸道而窒息。

（2）惊恐、寒冷使喉头痉挛，呼吸道梗阻而窒息。

（3）淡水淹溺，大量水分入血，血被稀释，出现溶血，血钾升高导致心室颤动、心跳停止；海水淹溺，高钠引起血渗透压升高，造成严重肺水肿，导致心力衰竭而死。

（4）不会游泳，游泳时间过长，疲劳过度。

（5）盲目游入深水漩涡。

2. 溺水的症状

溺水者面部青紫、肿胀、双眼充血，口腔、鼻孔和气管充满血性泡沫。肢体冰冷，脉细弱，甚至抽搐或呼吸心跳停止。

应对方案

1. 如何防止溺水

（1）不要独自一人外出游泳，更不要到不知水情或比较危险且易发生溺水伤亡事故的地方去游泳。选择好的游泳场所，对场所的环境，如浴场是否卫生，水下是否平坦，有无暗礁、暗流、杂草、水域的深浅等情况要了解清楚。

（2）必须要有组织并在老师或熟悉水性的人的带领下去游泳，以便互相照顾。如果集体组织外出游泳，下水前后要清点人数，并指定救生员做安全保护。

（3）要清楚自己的身体健康状况，平时四肢就容易抽筋者不宜参加游泳或不要到深水区游泳。

（4）对自己的水性要有自知之明，下水后不能逞能，不要贸然跳水和潜泳，更不能互相打闹，以免喝水和溺水。不要在急流和漩涡处游泳，更不要酒后游泳。

（5）在游泳中如果突然觉得身体不舒服，如眩晕、恶心、心慌、气短等，要立即上岸休息或呼救。

（6）在游泳中，若小腿或脚部抽筋，千万不要惊慌，可用力蹬腿或做跳跃动作，或用力按摩、拉扯抽筋部位，同时呼叫同伴救助。

2. 如何进行急救

（1）发现溺水者如何将其救上岸？

1）可将救生圈、竹竿、木板等物抛给溺水者，再将其拖至岸边。

2）若没有救护器材，可以入水直接救护。接近溺水者时要转动他的髋部，使其背向自己然后拖运，拖运时通常采用侧泳或仰泳拖运法。

（2）如何开展岸上急救？

1）当溺水者被救上岸后，应立即将其口腔打开，清除口腔中的分泌物及其他异物。如果溺水者牙关紧闭，要从其后面用两手的拇指由后向前顶住他的下颌关节，并用力向前推进。同时，两手的食指与中指向下扳颌骨，即可搬开他的牙关。

2）控水。救护者一腿跪地，另一腿屈膝，将溺水者的腹部放到屈膝的大腿上，一手扶住他的头部，使他的嘴向下，另一手压他的背部，这样即可将其腹内水排出。

3）如果溺水者昏迷，呼吸微弱或停止，要立即进行人工呼吸，通常采用口对口吹气的方法效果较好。若心跳停止还应立即配合胸部按压，进行心脏复苏。

4）注意要在急救的同时，要迅速打急救电话，或拦车送医院。

注意：欲救人者，必先自救；欲助人者，必先自助。不提倡未成年人营救溺水者，应报警或寻找大人营救。

学以致用

通过实际演练，熟练掌握一些简单的防溺水措施和方法。

____

____

____

第五讲 体育活动安全

一、体育课与课外活动安全

学习要求

1. 了解体育运动伤害事故的防范常识。
2. 掌握一些科学锻炼身体的方法和自我保护的技能。

案例警示

体育课期间，男生在足球场上踢足球，足球场旁边是实心球场地，几名女生在练习扔实心球，期间，足球滚出足球场到了实心球场地 ，一名男生飞奔过来捡球，被飞行的实心球砸中大腿，倒在地上。体育老师立刻陪同受伤同学到校医务室，在医务室医生初步检查下发现问题并不大，随后班主任通知家长，带孩子到医院做进一步检查，再次确认没问题后，此事得到解决。

听我解释

体育课是学生在校学习阶段锻炼身体、增强体质的重要课程。体育课上的训练内容是多种多样的，要注意的安全事项也是不同的。例如足球、篮球等球类运动，易引起拉伤、挫伤、碰伤等伤害事故；短跑、接力等径赛类运动，易引起绊倒、挤压、擦伤等伤害事故；跳远、投掷等田赛类运动，易引起摔伤、刺伤、扭伤等伤害事故。

1. 体育课前的安全注意事项

（1）检查自己的身体情况。

（2）检查场地和器材。课前要认真检查运动场地和运动器材，消除安全隐患。要注意场地中的不安全因素，如场地是否平整，沙坑的松散度是否符合标准、是否有石子杂物等；检查体育器材的完好度，设施是否牢固、安全可靠等。

（3）做好运动准备。要穿运动服装、运动鞋，做好热身准备活动，不要佩戴各种装饰物，不要携带尖利物品等。

2. 上体育课时的安全注意事项

（1）掌握动作要领。

了解和掌握动作要领及方法，不仅能够在运动过程中发挥好技术动作，达到体育锻炼的目的，而且还能消除心理上的恐惧，增强自信心，避免不必要的伤害。

（2）正确使用器材。

了解和熟悉掌握器材的性能、功能及使用方法，严格遵守相关操作规程。在一些体育器械（如铅球、实心球等）的使用中，要注意选择适当场地，确保自身安全，同时还要注意不要伤及他人。

（3）运动负荷要适当。

参加体育活动要根据自身身体素质条件，选择最有利于增强体质的运动负荷。可循序渐进，由易到难，从小到大。负荷过小，对身体作用不大；负荷过大，会损害身体。只有适宜的运动负荷，才能有效地增强体质，提高健康水平。

3. 体育课后的安全注意事项

（1）认真做恢复整理活动。

做恢复整理活动的目的就是使人体更好地从紧张运动状态过渡到安静状态，使心脏逐渐恢复平静，放松身心。如果突然停止运动，就会造成暂时性的贫血，产生心慌、晕倒等一系列不良症状，对身心健康造成损害。

（2）自我检查运动反应。

如果感到十分疲劳，四肢酸沉，心慌头晕，说明运动负荷过大，需要好好调整与休息。运动后经过合理的休息感到全身舒服，精神愉快，体力充沛，食欲增加，睡眠良

好，说明运动负荷安排比较合理。

（3）适当补充能量。

参加体育运动要消耗大量的能量，所以在运动后要科学饮食，保证身体的需要，确保取得最佳的锻炼效果。例如：

1）大运动量后，半小时至 1 小时后进餐。

2）大运动量后，避免喝含有咖啡因的饮料。

3）大运动量后，5 至 10 分钟后饮水（含盐）。

应对方案

1. 上体育课时应该采取的安全措施

（1）短跑等项目要按照规定的跑道进行，不能变更跑道。这不仅是竞赛的要求，也是安全的保障。特别是快到终点冲刺时，更要遵守规则，因为这时人身体的冲力很大，精力又集中在竞技之中，思想上毫无戒备，一旦相互绊倒，就可能严重受伤。

（2）跳远时，必须严格按老师的指导助跑、起跳。起跳前前脚要踏中木制的起跳板，起跳后要落入沙坑之中。这不仅是跳远练习的技术要领，也是保护身体安全的必要措施。

（3）投掷练习时，如投铅球、实心球、铁饼、标枪等，一定要按老师的口令进行，令行禁止，不能有丝毫的马虎。这些体育器材有的坚硬沉重，有的前端装有尖利的金属头，如果擅自行事，就有可能击中自己或者他人，造成受伤，甚至发生生命危险。

（4）单、双杠和跳高练习时，器械下面必须准备好厚度符合要求的垫子。如果直接跳到坚硬的地面上，会伤及腿部关节或后脑。做单、双杠动作时，要采取各种有效的方法，使双手握杠时不打滑，避免从杠上摔下，使身体受伤。

（5）前后滚翻、俯卧撑、仰卧起坐等垫上运动项目，做动作时要严肃认真，不能打闹，以免发生扭伤。

（6）篮球、足球等项目练习时，要学会保护自己，不要在争抢中蛮干而伤及他人。在这些争抢激烈的运动中，自觉遵守竞赛规则很重要。

（7）杜绝其他安全隐患。一些同学在练习过程中容易产生胆怯、恐惧等心理，应采取有效的保护与帮助措施，防止意外事故的发生，以一种积极的态度去预见和预防安全事故。

2. 在课外活动中应该注意的重点

（1）在进行课外活动时一定要遵守比赛规则。

（2）课外活动中要听从体育教师、班主任的安排和指导。

（3）课外活动要认真做好准备活动，寒冷天气准备活动时间加长，身体以微微出汗为宜。

（4）炎热天气不宜长时间在太阳照射和高温环境下运动，强度不宜太大，着装应易透气、易排汗。

（5）应在体育教师或校医的指导下进行适当活动。患有心血管疾病及身体异常的不宜参加对抗性强、高强度、高负荷的活动项目。

（6）投掷项目训练要在教师或组织者的指导下进行。要画出清晰的投掷区域，并统一投掷信号。

（7）参加激烈活动或对抗性强的项目时，要注意加强自我保护，避免危险动作和激烈的接触性对抗。

科学而安全地进行体育运动，可以增强体质，促进身心健康。相反，运动不当还会对人体造成伤害，达不到运动目的。因此我们应该懂得一些体育运动常识，掌握一定的安全防范知识，养成良好的运动习惯，就能达到健康身心的目的。

1. 体育课上为什么要做热身活动？

____

____

____

____

____

2. 结合实际，讨论课外体育活动时应注意哪些安全问题？

____

____

____

____

____

二、军训安全

案例警示

开学了，军训作为一项重要的国家军事教育是必不可少的，也是许多学校新生开学的第一课。在军训过程中，学生晕倒甚至死亡的事故屡有发生，不得不引起我们的重视。

“报告教官，我坚持不住了。”一位同学说道。“报告教官，我头晕。”另一名同学说道。过了一会儿，又一名女生脸色苍白地被扶出队伍。短短的一会儿，一千人的军训队伍中就有数十人因为坚持不住被带出军训队伍。军训现场学生晕倒的场景已不鲜见，不过，这么多学生坚持不住，着实令人惊讶。

2004 年 9 月 3 日，某中学高中一年级女生林某在学校组织的军训中突然晕倒，送到医院抢救无效死亡。

2013 年 8 月 4 日，某中学高一新生彭嘉豪，在参加学校的全封闭军训中，因中暑患上热射病，经抢救无效死亡。

2013 年 9 月 2 日，某中学高中部军训的第一天，高二学生何子健在军训中突然晕倒，送到医院抢救无效死亡。

听我解释

军训，不但培养人吃苦耐劳的精神，而且能磨炼人的坚强意志。苏轼有句名言："古之立大事者，不唯有超世之才，亦必有坚忍不拔之志。"这句话意思是成功的大门从来都是向意志坚强的人敞开的，甚至可以说是只向意志坚强的人敞开。

随着学生军训工作的普及和发展，确保军训学生安全越来越重要，为避免学生在军训期间发生意外事故，保证军训工作安全顺利开展，应遵守以下原则：

（1）一切服从教官与班主任的指挥。

（2）严格请假销假制度，不迟到，不早退，按时训练，按时下课。无正当理由没有完成军训任务的取消入学资格。

（3）一切行动听指挥，未经教官许可，不得私自离队活动。

（4）遇事冷静、稳重，不抱怨，不诉苦，不泄气。

（5）遇到恶劣天气时，听从教官指挥，有序退场或转移，严禁乱跑乱挤，防止踩伤。

（6）保持良好的心态，与大家和睦相处。

应对方案

1. 做好军训前准备工作

军训前要认真检查军训服装，如：军帽、腰带、鞋子等，腰带要适当紧一点，走起路来会更有精神劲儿。袜子最好穿棉线运动袜，鞋子里面再垫一块软鞋垫，这样脚后跟

会舒服一点。

2. 注意补充营养与水分

军训后体力消耗极大，要多吃一些肉类、蛋类，最好多喝点汤类；一定要早起吃早餐；注意补充水分，以运动饮料、茶水和盐水最佳。

3. 注意防病，谨防中暑

(1) 夏季天气炎热，军训时采取些必要措施防止中暑。

(2) 一定要多喝凉白开水，不能喝生水，以免引起肠道传染病。

(3) 军训结束后要稍作休息再去洗澡，否则容易引起感冒。

(4) 如果感觉头晕眼花，要晕倒，切忌硬挺着。正确的办法是立即喊报告或拽一下同学的衣角，原地坐下，待眩晕过后再到阴凉地休息一会儿。尽量避免直挺挺地倒下去，以免猝然倒地引发摔伤。

4. 按时作息不硬撑

(1) 军训期间按时作息，早睡早起，养精蓄锐，为整个军训打下坚实的基础。

(2) 军训中要讲“坚持再坚持”，但如果实在支持不下去，一定要休息，特别是体质较差的同学不要硬撑，及时向教官或班主任报告，防止发生意外。

5. 注意沟通

军训生活中要学会与同学、老师沟通，有困难要学会虚心向同学和老师请教，如走军步、站军姿、叠军被等。

学以致用

小组讨论：军训中应注意哪些安全事项？

第六讲　其他伤害应对

一、猫、狗等动物咬伤

学习要求

1. 了解狂犬病的症状、致病原因及防范措施。
2. 掌握猫狗等动物咬伤的救护方法，提高自我保护意识。

案例警示

周末的一天，阳光明媚，淘淘跟着爸爸骑单车去郊游。一路走来一路看，不知不觉，父子俩已是汗流浃背。淘淘建议爸爸休息一会儿，于是两人下了车，来到树荫下，正准备坐下休息。突然从旁边的沟里蹿出一只狗，淘淘吓得撒腿就跑，爸爸急忙喊：“别跑，弯腰。”可是，那只狗已经扑到淘淘腿上咬了一口，爸爸急忙把淘淘送到医院。

听我解释

1. 什么是狂犬病

狂犬病又称恐水症，是由狂犬病毒引起的一种传染病，临床表现为特有的恐水怕风、咽肌痉挛、进行性瘫痪。人患狂犬病基本上是被唾液中含狂犬病毒的狗猫咬伤、抓伤，或舔了伤口、黏膜所致。

2. 可以传播狂犬病的动物

传播狂犬病的动物主要是狗、猫，此外野生动物（老鼠、蝙蝠等）和其他家畜（猪、牛等）也可以传播。

3. 狂犬病暴露的级别

（1）接触或者喂养动物，或者完好的皮肤被舔，为Ⅰ级。

（2）裸露的皮肤被轻咬，或者无出血的轻微抓伤、擦伤，为Ⅱ级。

（3）单处或者多处贯穿性皮肤被舔，或者抓伤，或者破损皮肤被舔，或者开放性伤口、黏膜污染，为Ⅲ级。

4. 狂犬病多发生的时间

高温天气是狂犬病多发季节，随着气温的逐渐增高，人们的衣服穿得越来越少，户外活动增多，狗的主人也经常带狗出来散步，加上夏天是狗的生殖期，狗容易狂躁发怒，伤人咬人。

应对方案

1. 被狗猫咬伤或抓伤应怎样处理

（1）判定为Ⅰ级暴露者，无须进行处置。

（2）判定为Ⅱ级暴露者，应当立即处理伤口并接种狂犬病疫苗。

（3）判定为Ⅲ级暴露者，应当立即处理伤口并注射狂犬病被动免疫制剂，随后接种狂犬病疫苗。

2. 预防感染

（1）伤口处理包括彻底清洗和消毒处理，局部伤口处理越早越好。

用20%的肥皂水和一定压力的流动清水交替清洗、冲洗伤口至少15分钟。然后用生理盐水或清水将伤口洗净，最后用无菌脱脂棉将伤口处残留液吸尽。彻底冲洗后，用2%～3%碘酒或者75%酒精涂擦伤口。

（2）如伤口情况允许，尽量避免缝合。伤口轻微时，可不缝合，也可以不包扎，可用透气性敷料覆盖创面。

伤口较大需缝合的，要注射抗狂犬病血清或者狂犬病免疫球蛋白作伤口周围的浸润注射，中和病毒。

3. 预防狂犬病

（1）尽量避免接触狗、猫等动物，尤其是流浪狗、猫等不确定是否防疫的动物，不要滥施同情心。校园内发现流浪猫、狗等，报告老师，不要接触、喂食。

（2）家养的狗、猫要每年到兽医站打狂犬疫苗并拴养。

（3）与狗、猫接触机会多的人可提前接种疫苗。

《学生手册》

《学生公寓管理制度》

8. 学生公寓严禁豢养小动物和各种宠物。

学以致用

想一想，对的画“√”，错的画“×”。

1. 狗咬伤后当天没有及时注射疫苗的，可以第二天再注射。（　　）
2. 狗咬伤后，可直接用碘酒消毒后包扎。（　　）
3. 狂犬病疫苗预防接种一次即可。（　　）
4. 狗咬伤后，伤口小的不会患狂犬病。（　　）
5. 被健康的狗猫等动物咬伤、抓伤不会患狂犬病。（　　）

二、煤气中毒

学习要求

1. 了解煤气中毒的原因，掌握煤气中毒自救方法。
2. 掌握预防煤气中毒安全知识。

案例一

某派出所接到报警，赶往王家，很快闻到刺鼻的煤气味，他们撞开紧闭的房门，发现屋内的三男一女已经昏迷。民警们一边打开紧闭的门窗，一边救治。原来这一家人晚上使用煤球炉，又未装备必要的安全设施，导致全家煤气中毒，差点酿成大祸。

案例二

某市一对母女在洗澡时，因管道煤气泄漏中毒身亡。母亲王某 32 岁，女儿才 6 岁。当日下午 5 时许，王某和女儿打开管道煤气烧水洗澡，王某的父亲外出归来，闻到屋内有很浓的煤气味，卫生间内无人应声，急忙报警。母女俩被送往医院，但仍回天无力。

听我解释

1. 什么是煤气中毒

一氧化碳是一种看不见、闻不着的窒息性气体，人一旦短时间过量吸入，会对人体造成急性健康损害，导致一氧化碳中毒（俗称煤气中毒）。冬春季节人们常采用煤炉取暖，如果煤、木炭等燃烧不充分会产生氧化碳气体，人过量吸入，就会引起脑及全身组织缺氧，严重的引起急性、迟发性脑病，甚至死亡。煤气中毒在北方地区一般发生在秋末冬初或冬末春初。

根据监测结果显示，一氧化碳中毒季节性分布特点与冬春取暖季节基本一致，每年的 11 月至次年 3 月为高发期，可能发生一氧化碳中毒的场所主要为使用燃气或煤炭又通风不良的居室、排烟不良的家庭厨房、热水器安置不当的卫生间、密闭的空调汽车内以及理发店、饭店、旅馆、公共浴室等公共场所，在一定的气象条件和居住环境下发生，因此防患于未然和事后正确救护非常重要。

2. 煤气中毒的症状

（1）轻度中毒者，有头晕、眼花、耳鸣、恶心、呕吐、心悸、乏力等症状，一般神志尚清楚，吸入新鲜空气、脱离中毒环境后，症状迅速消失，不留后遗症。

（2）中度中毒者，除上述症状加重外，还有神志不清，意识模糊，两颊、前胸皮肤及口唇呈樱桃红色，多汗，烦躁，昏迷。如抢救及时一般无后遗症。

（3）重度中毒者，会迅速进入抽搐、昏迷状态，大小便失禁，常并发脑水肿、肺水肿、呼吸困难等，常因呼吸循环衰竭而死亡。重度中毒者即使经抢救活下来，也可能留下后遗症。

此外，还有另一类慢性中毒患者，主要表现为经常性的头晕、头痛、倦怠无力、恶心、不思饮食、失眠等类似神经衰弱的症状。

3. 煤气中毒的常见原因

（1）热水器或灶具安装不规范，如私接私装后未经煤气公司检验就擅自使用，或使用质量低劣的煤气器具。

（2）灶具在燃烧时被吹滴溢熄、开关启闭不当、胶管老化脱落等。

（3）燃料燃烧不充分，所在空间通风条件不好，造成一氧化碳浓度增加。

（4）在通风不良的房间内用煤炭生火炉时，没有装烟囱或使用劣质烟囱，使烟雾大量进入空气中，非常容易导致一氧化碳中毒。

（5）在停驶并开空调的密闭机动车内停留时间过长。

应对方案

1. 煤气中毒后如何进行急救

（1）立即打开门窗，流通空气，同时尽快离开中毒环境。

（2）有自主呼吸者，充分给予氧气吸入。

（3）对昏迷者，要清除口腔异物，解开患者衣物，放低头部，注意保暖。

（4）中毒较轻者，可喝少量醋或酸饮料，促其清醒。

（5）呼吸心跳停止者，立即进行人工呼吸和心脏按压。

（6）较重者，立即呼叫120急救服务，送往医院治疗。

2. 煤气中毒急救的认识误区

（1）冻一下就会醒？

寒冷刺激不仅会加重缺氧，更能导致末梢循环障碍，诱发休克和死亡。

（2）在炉边放盆清水可预防煤气中毒？

科学证实，一氧化碳不溶于水，要想预防中毒，关键是门窗不要关得太严，或者安装风斗，烟囱要保持透气良好。

（3）煤气中毒患者醒了就没事？

煤气中毒患者必须经医院系统治疗后方可出院，否则容易遗留并发症或后遗症。出

院后应口服药物或进行其他对症治疗，重度、中毒患者一般需一两年才能完全治愈。

3. 如何防止煤气中毒

（1）冬季室内使用煤炉取暖，必须安装烟囱。

（2）定期打扫烟筒里的灰尘，保持烟筒排烟通畅。

（3）若发现烟筒漏气或堵塞，要做到及时清理和补救。

（4）伸出室外的烟筒要加装遮风板或拐角，以防大风将煤气吹回室内。

（5）经常保持燃气器具和煤气管道的完好，发现漏气及时检修。

（6）要经常开窗换气，以防煤气中毒。

（7）汽车怠速运动时，不可长时间开空调，在开空调的密闭空间，有毒气体聚集，也会引发一氧化碳中毒。

学以致用

1. 实际演练：假设某同学在洗澡时，发生煤气中毒事故，该如何处理？

____

____

____

2. 自主创新：假设学校要开展一次预防煤气中毒的宣传活动，请你结合所学知识为这次活动设计一条标语或一幅宣传画。

____

____

____

项目三　社会安全篇

自我保护能力是同学们快乐健康成长的必备能力。只有学会自我保护，远离危险，才能拥有幸福，享受美好的生活。本项目就交通安全、防诈骗、网络诈骗、外出安全防敲诈勒索等社会安全方面对学生进行系统的教育，引导他们牢固树立“珍爱生命，安全第一，遵纪守法，和谐共处”的意识，了解必要的安全常识及处理突发事件的方法，培养自救自护的素养和能力。

第一讲　交通安全

学习要求

1. 了解交通安全知识，懂得遵守交通规则的重要性。
2. 培养自觉遵守交通规则，安全文明出行的习惯。

案例警示

2017年8月1日7时许，徐佳琪（女，14岁）驾驶电动车从家出发，由南向北行至龙口市兰高镇镇沙村碑处，行经有交通标志、标线控制的未让优先通行的一方先行，与由西向东赵凌云驾驶的鲁FMU557号小型普通客车相撞，造成两车损坏，致徐佳琪受伤。徐佳琪经医院抢救无效于当日死亡。

又一个案例，2016年10月22日下午2点多，在泉港区驿峰路口，一辆水泥搅拌车经过驿峰路口与一辆载有三人的摩托车相撞，事故造成摩托车上一人当场死亡，二人送往医院途中死亡。事发时，摩托车从惠安往泉港方向行驶，水泥搅拌车正要左转，两辆车迎面撞上。当时摩托车上的骑手姓翁，今年17岁，是家中独子，被撞后当场身亡。另外两名死者是女生出某和男生罗某，两人在送往医院途中身亡，三名死者都是学生，刚去参加完同学生日聚会。

听我解释

2010年，我国发生道路交通事故21.95万起，死亡人数达6.5万人，受伤25.4万人，直接经济损失9.3亿元。在这些惊人的数字后面有多少家庭失去亲人，幸福化为乌有？在事故背后，有多少人在悲痛的时候，更多的是叹息和无限的悔恨。要记住，人的生命只有一次，人世间没有比生命更珍贵的东西。之所以交通事故那么频繁，多数原因是我们没有遵守交通规则，没有养成良好的遵守秩序的习惯。想要减少事故的发生，就要先培养遵守交通规则的意识。

你认识这些交通标志吗？

1. 红绿灯

机动车道绿灯亮，汽车通行

机动车道红灯亮，汽车禁止通行

人行横道绿灯亮，行人通行

人行横道红灯亮，行人禁止通行

2. 指示标志

指示标志是指示车辆、行人行进的标志，通常为蓝底、白色图案。

人行横道也叫“斑马线”，是专供行人横穿马路的通道。人们过马路时，都应该走“斑马线”，确保安全。

人行横道

机动车道

3. 警告标志

警告标志一般是黄色三角形，是警告车辆、行人注意危险地点的标志，通常为黄底黑边图案。

注意信号灯

注意危险

注意行人

4. 禁令标志

禁令标志一般为红色标志，是禁止或限制车辆、行人交通行为的标志，通常为圆形

白底红边或红斜杠黑色图案。

禁止行人通行

禁止非机动车进入

禁止通行

1. 行走安全

指挥灯信号绿灯亮时，准许行人通行；黄灯亮时，不准行人通行，但已进入人行道的行人，可以继续通行；红灯亮时，不准行人通行；黄灯闪烁时，行人须在确保安全的原则下通行。

人行横道信号灯绿灯亮时，准许行人通过人行横道；绿灯闪烁时，不准行人进入人行横道，但已进入人行横道的可以继续通行；红灯亮时，不准行人进入人行横道。

行人必须遵守的规定：行人须在人行道内行走，没有人行道靠右边行走；穿越马路须走人行横道；通过有交通信号控制的人行横道，须遵守信号的规定；通过没有交通信号控制的人行道，要左顾右盼，注意车辆来往，不准追逐，奔跑；没有人行横道的，须直行通过，不准在车辆临近时突然横穿；有人行过街天桥或地道的，须走人行过街天桥或地道；不准爬马路边和路中的护栏、隔离栏，不准在道路上推扒车、追车、强行拦车

或抛物击车。

（1）横穿马路很危险。

（2）三五成群横着走在非人行道上，这样最容易发生交通事故。

（3）上、下班高峰过后，马路上车辆稀少，因为路中车少人稀，思想麻痹，麻痹就等于危险。

（4）行走时一心两用，边走边看书、手机，或边走边想问题，或边走边聊天，边走边玩……这样做，可能车子不来撞你，你倒自己去撞车子，因此也十分危险。

2. 骑车安全

（1）不满 12 周岁的孩子，不能在道路上骑车（自行车）；摩托车属于机动车，需要驾驶执照。

（2）不打伞骑车。

（3）不脱手骑车。

（4）不骑车带人。

（5）不骑“病”车。

（6）不骑快车。

（7）不与机动车抢道。

（8）不平行骑车。

3. 乘车安全

（1）外出乘车不要乘坐低速载货汽车和三轮汽车、拖拉机、黑摩的等非客运车辆，不要乘坐超员车辆，预防和减少各种安全事故的发生。

（2）上车前先看清公共汽车是哪一路，因为公共汽车停靠站，往往是几路公共汽车同一个站台，慌忙上车，容易乘错车。

（3）待车子停稳后再上车或下车，上车时将书包置于胸前，以免书包被挤掉，或被车门轧住。

（4）上车后不要挤在车门边，往里边走，见空处站稳，并抓住扶手，头、手、身体不能伸向窗外，否则容易发生伤害事故。

（5）乘车要尊老爱幼讲礼貌，见老弱病残及孕妇要主动让座。

（6）乘车时不要看书，否则会损害眼睛。

学以致用

1. 想一想，判对错。

（1）交通禁止标志通常为圆形，白底红边，红斜杠，黑色图案。（　　）

（2）马路上，人来人往。突然，涛涛在公交车上看见一个同学在路上骑车，忙把头和手伸出车窗，与同学打招呼。（　　）

（3）安安上学时坐在公交车上，看到一位老奶奶上来了，忙给老奶奶让座。（　　）

（4）通过十字路口时，涛涛和同学们一起走过街天桥。（　　）

2. 出一期关于“交通安全”的黑板报。

第二讲　防诈骗

学习要求

1. 学会一些防骗方法，遇到时能采取一定的措施保护自己。
2. 树立安全意识，加强自身的素质培养。

案例警示

2016 年高考，徐玉玉以 568 分的成绩被南京邮电大学录取。由于家庭生活困难，她向教育部门申请了助学金。8 月 18 日，徐玉玉接到教育部门的电话，让她办理助学金的相关手续，说钱过几天就能发下来。8 月 19 日下午 4 点 30 分左右，她接到一个陌生电话，对方声称有一笔 2 600 元助学金要发放给她。由于前一天接到的教育部门电话是真的，所以当时并没有怀疑这个电话的真伪。按照对方要求，徐玉玉将准备交学费的 9 900 元打入了骗子提供的账号……发现被骗后，徐玉玉万分难过，当晚就和家人去派出所报了案。在回家的路上，徐玉玉突然晕厥，不省人事，虽经医院全力抢救，但仍没能挽回她 18 岁的生命。

1. 什么是诈骗

诈骗，是指以非法占有为目的，用虚构事实或者隐瞒真相的方法，骗取款额较大的公私财物的行为。由于这种行为完全不使用暴力，而是在一派平静甚至“愉快”的气氛下进行的，加之受害人一般防范意识较差，较易上当受骗。

2. 学生受骗的主要原因

（1）思想单纯，防范意识较差。

（2）贪图虚荣，遇事不够理智。

（3）有求于人，交友行事轻率。

（4）贪小便宜，急功近利。

（5）交友不谨慎，以感情代替理智。

（6）不服从校园管理，不自觉遵守校纪校规。

（7）感情用事，离校离家出走。

应对方案

（1）提高防范意识，学会自我保护。积极参加学校组织的法制和安全防范教育活动，多了解、多掌握一些防范知识。

（2）日常生活中，要做到不贪图便宜、不牟取私利；在提倡助人为乐、奉献爱心的同时，要提高警惕性，不能轻信花言巧语；不要把自己的家庭地址等情况随便告诉陌生人，以免上当受骗；发现可疑人员要及时报告；上当受骗后更要及时报案、大胆揭发，使犯罪分子受到应有的法律制裁。

（3）交友要谨慎。对于熟人或朋友介绍的人，要学会“听其言，察其色，辨其行”，不能言听计从，受其摆布利用。

（4）同学之间要相互沟通、相互帮助。有些同学习惯于把个人之间的交往看做是个人隐私，一旦上当受骗后，无法查处。有些交往关系，在自己认为适合的范围内适当透露或公开，这也是安全的需要。

学以致用

做一次预防诈骗能力的测试。

1. 来电显示的号码都是真的吗？

答：A. 是　　B. 不确定　　C. 否

2. 不同单位如公安局、电信公司的电话能在通话过程中转接吗？

答：A. 是　　B. 不确定　　C. 否

3. 400 开头的号码都是可靠的单位电话吗？

答：A. 是　　B. 不确定　　C. 否

4. 来电显示为“110”是公安局工作人员的来电吗？

答：A. 是　　B. 不确定　　C. 否

5. 通信号码实名制已全面落实到位了吗？

答：A. 是　　B. 不确定　　C. 否

6. 公安机关因办案需要是否设置了安全账户，保护相关人员资金安全呢？

答：A. 是　　B. 不确定　　C. 否

7. 国家单位的账户可以工作人员的名字开户吗？

答：A. 是　　B. 不确定　　C. 否

8. U 盾、E 令宝能在 ATM 自动柜员机上升级吗？

答：A. 是　　B. 不确定　　C. 否

9. 银行账号都已落实本人实名开户了吗？

答：A. 是　　B. 不确定　　C. 否

10. 你会在陌生人的电话指导下在网上银行或 ATM 自动柜员机上操作吗？

答：A. 是　　B. 不确定　　C. 否

11. 外地公安机关民警可以直接找本市市民取证或调查相关情况吗？

答：A. 是　　B. 不确定　　C. 否

12. 你能根据网址查找网站的注册信息吗？

答：A. 是　　B. 不确定　　C. 否

13. 网络搜索引擎检索排名靠前的网站都是正规可靠的吗？

答：A. 是　　B. 不确定　　C. 否

14. 邮寄过程中邮政局可以打开包裹查违禁品吗？

答：A. 是　　B. 不确定　　C. 否

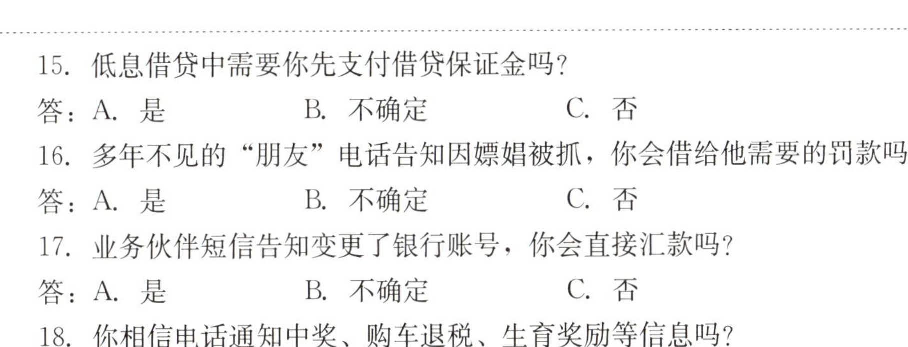

15. 低息借贷中需要你先支付借贷保证金吗？

答：A. 是　　　　　　B. 不确定　　　　　　C. 否

16. 多年不见的“朋友”电话告知因嫖娼被抓，你会借给他需要的罚款吗？

答：A. 是　　　　　　B. 不确定　　　　　　C. 否

17. 业务伙伴短信告知变更了银行账号，你会直接汇款吗？

答：A. 是　　　　　　B. 不确定　　　　　　C. 否

18. 你相信电话通知中奖、购车退税、生育奖励等信息吗？

答：A. 是　　　　　　B. 不确定　　　　　　C. 否

19. 你会将手机短信验证码提供给他人吗？

答：A. 是　　　　　　B. 不确定　　　　　　C. 否

20. 你会把股票、期货账号及密码告知电话联系上的指导老师代为操作吗？

答：A. 是　　　　　　B. 不确定　　　　　　C. 否

21. 通过 QQ 联系后你会直接向他人转账汇款吗？

答：A. 是　　　　　　B. 不确定　　　　　　C. 否

22. 显示来电归属地的软件能较好地提示来电号码开户地吗？

答：A. 是　　　　　　B. 不确定　　　　　　C. 否

23. 接到亲友在外地出意外的电话，你会先告知家人或朋友吗？

答：A. 是　　　　　　B. 不确定　　　　　　C. 否

24. 你告诉过父母你的同学、老师的联系电话吗？

答：A. 是　　　　　　B. 不确定　　　　　　C. 否

25. 银行账号是否分单位账号和自然人账号？

答：A. 是　　　　　　B. 不确定　　　　　　C. 否

同学们一起来检验自己的防骗能力，共 25 题，答对得 2 分，不确定得 1 分，答错不得分。得分大于 40 分，你对各类骗术有“免疫力”，40～30 分则属不易受骗人员，30 分以下，你可能是被骗高危人员。

答案

第 1 题：否。改号软件可以把来电号码修改成任意号码，如公安局总机号码等。

第 2 题：否。如犯罪分子声称是邮政局工作人员，在与你通话过程中他直接将电话转接给公安局工作人员，这就是典型的诈骗行为。

第 3 题：否。虽然中国 400 电话网是通信运营商官方直接授权合作伙伴，但其对公司开户审核并不严谨，故 400 开头的号码并不可靠。

第 4 题：否。110 报警电话只可打进，不可外拨。

第 5 题：否。目前通信运营商落实号码实名制还有漏洞，故接到陌生手机号码来电须提高警惕。

第 6 题：否。法律上没有“安全账户”的规定，但凡接到要你将资金转入“安全账户”的来电，均是诈骗。

第 7 题：否。银行账户分为单位账户和个人账户，国家机关单位不会以个人名义开设账户，更不会使用个人账户存取钱财。

第 8 题：否。U 盾、E 令宝升级须开户人携带本人身份证到银行柜台办理，ATM 机无升级功能。

第 9 题：否。原则上银行账号开户必须持本人身份证才能在银行柜台办理，但犯罪分子常冒用他人身份开户。

第 10 题：否。自己不熟悉的银行业务，千万不可听信陌生人的电话指导！

第 11 题：否。根据规定，公安、检察、法院在办理刑事或民事案件过程中，如涉及外辖区当事人需要调查的，必须首先与当事人居住地的公、检、法机关取得联系，并携带有效的身份证件、执法证件和法律手续（文书），在当地公、检、法机关执法人员的配合、陪同下，调查当事人。

第 12 题：否。网购要到正规网站，防止诈骗分子利用虚假网站诈骗。

第 13 题：否。个别搜索引擎在搜索排名商务活动中疏于审核，导致一些虚假网站搜索排名靠前，造成部分民众误判并上当受骗。

第 14 题：否。收寄环节，邮局有权当客户面打开包裹进行查验，但其他环节邮局无权开包检查、扣留包裹。

第 15 题：否。不可轻信网络低息借贷，如果在低息借贷信息中，对方要求预先支付保证金之类的，均为诈骗！

第 16 题：否。涉及财物的事情最好多方确认，不要轻易汇款。

第 17 题：否。碰到汇款前对方更改银行账号的情形，务必进行确认。

第 18 题：否。购车无退税、新生儿生育无奖励补助，接到类似信息，提高警惕！

第 19 题：否。与银行卡绑定的手机号以及发送到手机上的验证码，绝对不能泄露给陌生人。

第 20 题：否。股票、期货账号及密码不能给陌生人代为操作。

第 21 题：否。近年来利用 QQ 借款诈骗多发。碰到家人、朋友、同事在 QQ 里要求你借款或转账，请通过其他联系方式再次确认，不可盲目汇钱。

第 22 题：是。显示来电归属地的软件能较好提示来电号码开户地，安装来电归属地软件后能有效地识别真伪。

第 23 题：是。接到此类电话，应先与家人、朋友联系，多方求证，防止上当。

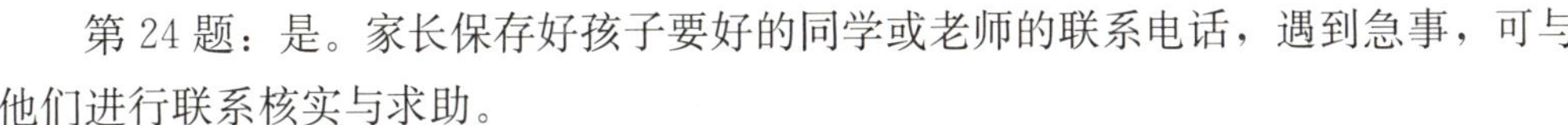

第 24 题：是。家长保存好孩子要好的同学或老师的联系电话，遇到急事，可与他们进行联系核实与求助。

第 25 题：是。凡是以单位名义要你汇款至自然人账号的基本可以断定为骗局。

第三讲　网络诈骗

学习要求

1. 了解常见的网络诈骗手段。
2. 掌握应对网络诈骗的方法。

案例警示

2018 年 1 月 3 日，江同学收到同学 QQ 信息，说自己的支付宝被冻结了，银行卡转账给她帮忙充话费。她就把银行卡账号发给了对方，对方截了一张 300 元的转账图给她，她就用支付宝给对方的手机号充了 300 元的话费。不料，对方说还要再充 500 元，又将一张转账 500 元成功的截图发给她，她又照做了。对方继续要求再充 1 000 元，她才发觉被骗了。

2018 年 7 月底，蒋同学收到短信称，他被某节目选为场外中奖人，奖励 18 万元和电脑一台，他没有理对方。过了几天，对方又打来电话，自称是法官，说当天为领奖最后一天，如果他不把手续费交到浙江电视台，电视台就会起诉他。之后，对方发来一个账号，他心里害怕就通过支付宝转到对方账户 12 000 元，不料再也联系不上对方，这才发觉被骗。

听我解释

网络诈骗是指以非法占有为目的，利用互联网采用虚构事实或者隐瞒真相的方法，骗取数额较大的公私财物的行为。常见的诈骗手段有如下几种：

1. 利用 QQ 盗号进行诈骗

骗子使用黑客程序破解用户密码，然后冒名向事主的 QQ 好友借钱，如果对方没有识别，就会很容易上当。

2. 网络购物诈骗

网络购物诈骗是指事主在互联网上购买商品时而发生的诈骗案件。从目前情况看，网购诈骗主要有以下8种方式：

一是谎称其货品为走私物品或海关罚没物品，要求网民支付一定的保证金、押金、定金。

二是谎称网民下订单时卡单，要求网民重新支付或重新下订单。

三是谎称支付宝系统正在维护，要求网民直接将钱汇到其指定的银行账户中。

四是谎称购物网站系统故障，要求网民重新支付。

五是谎称网店正在搞促销、抽奖活动，需要交纳一定的手续费等。

六是网民在网购飞机票时，嫌疑人谎称网民提供的身份信息有误，要求网民重新支付购票款。

七是谎称需要进行资质验证，要求网民支付验证资质。

八是谎称店内无货，朋友的店里有货，于是推荐一个看似差不多的网址。

3. 网上中奖诈骗

网上中奖诈骗是指犯罪分子利用传播软件随意向互联网QQ用户、邮箱用户、网络游戏用户、淘宝用户等发布中奖提示信息，当事主按照指定的“电话”或“网页”进行咨询查证时，犯罪分子以中奖缴税等各种理由让事主一次次汇款，直到失去联系事主才发觉被骗。

4. 针对毕业生就业的诈骗

由于网络经济的发展与成熟，越来越多的毕业生选择了在网上投递简历，大部分企

业单位也更愿意先从网上进行初期的人才筛选工作，一些网络骗子正是看准了这个机会，对求职心切、社会经验不足的大学毕业生进行诈骗。他们多半冒充某国际或国内著名企业，自称是某助理或某主管，给应聘者打电话时，先进行一番摸底后，要求电话面试，然后以各种理由，让应聘者交纳手续费、押金等；或是套取求职者信息，向其亲属实施诈骗。

5. 网络刷单诈骗

网络刷单是一个电商衍生词。即指店家付款请人假扮顾客，用以假乱真的购物方式提高网店的排名和销量获取销量及好评吸引顾客。很明显，刷单本身就是违法的。

而不少诈骗分子，利用刷单的幌子搭配一系列连环套路，从而骗取兼职者钱财。

通常骗子会在微信、微博、邮箱等平台散播“无需押金，操作简单，时间自由，轻松赚钱”的广告，进行大规模撒网。骗子的目标人群是缺少社会经验，无固定收入却有侥幸心理，期待赚钱的人群。通过发放入职流程、填写入职申请表等方式，打造一个看上去非常“专业且正规”的刷单工作机构，以此取得受害人的信任。不法分子通过 发放小额任务单，即时返款的方式，进一步放松受害人的警惕。通过发放中级单，提高任务的复杂程度和单数，再加上“卡单”“系统故障”等早已设计好的理由，让受害人掉入一个循环做任务、循环支付的模式。为追逐“只要完成任务就可以得到返款+佣金”这样一个骗子讲述的目标（实际是不可能完成），受害人要付出真金白银，结果就是骗子的账户金额越来越多，受害人逐步变得一贫如洗。一句话刷单是幌子，骗钱才是真目的！

应对方案

对以上形形色色的网络诈骗手段，作为学生的我们应该如何有效地识别、应对和防范？

（1）头脑中务必多一根弦，遇有借钱、缴费等信息，及时通过电话等方式联系到本人，确认消息是否源自好友或联系人，避免上当。

（2）网络购物不贪便宜。虽然网上东西一般比市面上的东西要便宜，但对价格明显偏低的商品还是要多个心眼，这类商品不是骗局就是以次充好，所以一定要提高警惕，以免上当受骗。

（3）使用比较安全的支付工具。调查显示，网络上80%以上的诈骗是因为没有通过官方支付平台的正常交易流程进行交易。所以在网上购买商品时要仔细查看、不嫌麻烦，首先看看卖家的信用值，再看商品品质，同时还要货比三家，最后一定要用比较安全的支付方式，而不要怕麻烦采取银行直接汇款的方式。

（4）仔细甄别，严加防范。那些克隆网站虽然做得相似，但若仔细分辨，还是会发现差别的。一定要注意域名，克隆网页再逼真，与官网的域名也是有差别的，一旦发现域名多了“后缀”或篡改了“字母”，就一定要提高警惕了。特别是那些要求你提供银行卡号与密码的网站更不能大意，一定要仔细分辨，严加防范，避免不必要的损失。

（5）千万不要在网上购买非正当产品。如手机监听器、毕业证书、考题答案等，要知道在网上叫卖这些所谓的“商品”，几乎百分百是骗局，千万不要抱着侥幸的心理，更不能参与违法交易。

（6）凡是以各种名义要求你先付款的信息，请不要轻信，也不要轻易把自己的银行卡借给他人。你的财物一定要在自己的控制之下，不要交给他人，特别是陌生人，遇事要多问几个为什么。

（7）提高自我保护意识，不要在网上随意填写个人资料，注意妥善保管自己的私人信息，如本人证件号码、账号、密码等，不向他人透露，并尽量避免在网吧等公共场所使用网上电子商务服务。网络诈骗，正以诡谲多变、防不胜防的态势侵入我们的生活，要树立牢固的安全观念。

（8）增强自我保护意识。“天下没有免费的午餐”，现在很多诈骗用广告方式使网友中毒，所以不要贪速度，很容易一不小心点错。

最后提醒大家，不管是现实诈骗还是网络诈骗，骗子最终的核心都是一个骗字，只要同学们加强预防心理，提高警惕，就一定会发现狐狸尾巴。

学以致用

分组讨论：你遇到过哪些网络诈骗方式？你是如何处理的？

____

第四讲　外出安全

学习要求

1. 了解外出可能遇到的危险。
2. 了解如何避免发生意外伤害。
3. 树立安全意识和自我保护意识。

案例警示

案例一

2014 年 8 月 9 日，高渝从重庆市家中出发，如约去璧山区的同学家。当天，因为母亲牛女士出差不在家，高渝的哥哥高腾（化名）还为她联系了一辆车。

2014 年 8 月 9 日下午 3 时 30 分许，司机赶到约定地点时，发现高渝已经离开了。司机打电话给高渝才知道，就在大概 10 分钟之前，高渝搭错车，上了一辆陌生人的车离开了。

事后，高渝的叔叔高黎（化名）了解到，高渝搭车后，曾与约好的同学通过两次电话，最后一次电话是 2014 年 8 月 9 日晚上 8 时 5 分。高黎通过高渝同学转述获悉，最后一次电话间，高渝称手机没电后挂断了电话。这成为高渝留下的最后线索。

母亲牛女士获悉有关信息，竟然是高渝失联 6 天后。在上海出差的牛女士得知高腾也多日没有联系到高渝，匆忙返回重庆后，发现高渝真的失踪了，这才以高渝“被拐卖”向重庆铜梁区和璧山区警方报了警。

2014 年 8 月 16 日 4 时许，铜梁区公安局接警。警方迅速组织力量开展查找。查明高渝当日乘坐渝 CN3275 轿车离开铜梁后失踪。该车车主蒲某（男，41 岁，璧山区人）有重大嫌疑。2014 年 8 月 19 日上午 11 时许，民警在云南省德宏州将蒲某抓获。据蒲某交代，他当日驾车搭乘高渝，途中发生争执将高渝杀害后潜逃。

案例二

2014年12月31日，上海市在外滩源举办2015新年倒计时活动。2014年12月31日23时30分，外滩陈毅广场东南角通往黄浦江观景平台的人行通道阶梯处，上下人流不断对冲，在阶梯中间僵持。23时35分，僵持人流向下的压力陡增，造成阶梯底部有人跌倒，继而引发多人摔倒、叠压，致使拥挤踩踏事件发生。事件造成36人死亡，49人受伤。

听我解释

同学们外出时要注意哪些方面的安全？

(1) 交通安全（行走安全、骑车安全和乘车安全）。

(2) 城市安全。

(3) 娱乐活动安全。

(4) 住宿就餐安全。

应对方案

外出时一定要和家长或老师告知或请假，并说明目的地及返回时间，外出过程中保持联系。

(1) 交通安全（顺口溜）。

1) 交通安全很重要，交通规则要记牢。从小习惯要养好，不在路上疯打闹。

2) 行走应走人行道，没有行道往右靠。天桥地道横行道，横穿马路离不了。

3) 一慢二看三通过，莫与车辆去抢道。骑车更要守规则，不能心急闯红灯。

4) 乘车安全要注意，遵守秩序要排队。手头不能伸窗外，扶紧把手莫忘记。

(2) 城市安全。

1) 白天城市中的公园是比较安全的，晚上尽量不要到公园去。

2) 尽量避免夜晚出门，夜间活动要尽早回住处，减少意外情况发生。

3) 如果在闹市区带着包、相机或摄像机等，将其斜挎在胸前。

4) 如果确定自己迷路了，最好到附近的大商场或街上找警察问路，切忌让陌生人带路。

5) 有的地方，你如果讲价就意味着要购买，本就不想买的东西不要随便询问。

6) 付账时不要把自己所有的钱都拿出来，不要炫耀你的财富；口袋里装些小面额的钞票。

7）如果用卡支付，坚持刷卡要在你视力所及的范围之内，一些犯罪分子可能有复制机器；对声称有问题或打错了的信用卡收据坚持要回来，不要把有你信息的收据任别人随意处理。

8）到银行存取款时，如款项数额较大，需有人陪同。在校验密码时，注意 1 米范围内有无可疑人员。不要把填写有误的存取款单随手扔掉，应带到安全处撕毁，避免因此泄露你的账号、身份证号等个人信息。

（3）住宿安全。

1）选择资质齐全、信誉良好的旅馆或酒店住宿，避免意外情况发生。

2）入住后，首先熟悉逃生路线，最好亲自察看应急逃生通道，熟记于心。

3）检查一下门锁：门上最好有两道门锁和猫眼，防盗链可用。

4）要确保你能看清门外的情况，同时防止门被强行打开。

5）在房间接电话时，要让对方先讲话。

6）在确定门外的人的身份之前不要开门。

7）除非是你的确向酒店提出了要求，否则不要给声称提供服务的人开门。

8）如果对来访者不熟悉，让其到前台等你。

9）发现可疑人员和可疑情况，及时向宾馆工作人员或当地警方反映。

（4）就餐安全。

1）尽量选择到资质齐全、卫生条件较好的餐馆就餐，避免因食品卫生问题引起身体不适或食品中毒。

2）切勿食用陌生人提供的酒水、食物等，防止麻醉等非法侵害行为发生。

3）离开座位或上厕所时，要注意留心观察是否遗落随身携带物品。

4）不要将手机、钱包等贵重物品放在桌椅上，防止遗失。

5）如果就餐期间离开食品一段时间，返回后尽量不要食用，防止不法分子趁机对食品施毒，造成人身伤害。

6）就餐后应索要和保存消费凭证，一旦发生问题，及时与当地相关部门联系。

学以致用

1. 如果迷路了，怎么办？

____

____

2. 遭遇交通事故，怎么办？

第五讲　防敲诈勒索

学习要求

1. 敲诈勒索是一种犯罪行为，不要做一些违法的事情，害人害己。
2. 掌握一些敲诈勒索应对措施，遭遇敲诈勒索要报警。

案例警示

案例一

2011 年 8 月，刚刚因犯抢劫罪被法院判处缓刑的廖某和初中辍学的李某、在校初

中生吴某建立了名为“ING”的QQ群，三人分别拉了一些认识的某中学的初中生入群。小玮等9名学生入群后，就被管理员廖某告知要交入会费、保护费、活动费等名目的费用，金额从200元到700元不等，如果不交钱就会被打，小玮等学生只好交钱。很快，这个QQ群里就加入了二三十名中学生。

除了在“线上”找学生入群外，廖某等三人也不放过“线下”发展“会员”。2011年11月1日，廖某通过QQ群，以言语威胁的方式向初中生小杨索取现金700元，被小杨拒绝后，廖某就和吴某等人于11月4日下午在小杨就读的学校附近殴打小杨，致其轻微伤。通过这种堵截、胁迫、暴力的方式，廖某等三人共向16名初中生勒索财物近万元。

案例二

某校学生小宁步行去上学，离开家门刚走不远就从小巷拐角处窜出一个男青年故意用身体撞了小宁一下，却反向小宁嚷道：“你没长眼睛啊？走路不看着点。”小宁连说自己不是故意的，正要转身走，前面路口突然跑出一个男子，说：“撞了人就得赔钱。”于是两个人强行拿走了小宁身上仅有的10多元钱及一部手机。

小宁被抢走钱和手机后，小宁母亲也不敢报警。她认为报警的话，万一歹徒报复孩子怎么办？多一事不如少一事。

听我解释

1. 什么是敲诈勒索

敲诈勒索罪是指以非法占有为目的，对被害人使用威胁或要挟的方法，强行索要公私财物的行为。

敲诈勒索罪的基本结构是：

对他人实施威胁——对方产生恐惧心理——对方基于恐惧心理处分财产——行为人或者第三人获得财产——被害人财产遭受损失。

2. 法律链接

敲诈勒索罪是一种重要的侵犯财产罪，其犯罪对象是公私财物。有的学者认为，敲诈勒索罪的对象是复合的，包括人和公私财产。从敲诈勒索罪的客观要件入手，敲诈勒索的客体只能是财产所有权，因而其犯罪对象只包括公私财物，而不包括人。

《中华人民共和国刑法》第二百七十四条规定：敲诈勒索公私财物，数额较大或者多次敲诈勒索的，处三年以下有期徒刑、拘役或者管制，并处或者单处罚金；数额巨大或者有其他严重情节的，处三年以上十年以下有期徒刑，并处罚金；数额特别巨大或者有其他特别严重情节的，处十年以上有期徒刑，并处罚金。

应对方案

1. 被敲诈勒索时应该怎么做

遇到歹徒敲诈勒索，不能急躁，不能硬拼，也不能一味顺从。硬拼的结果会导致无谓牺牲，一味忍让顺从将会招致无穷后患。要牢记，遭遇打劫一定要告诉学校老师和家长，同时拨打110，一定要报警。

参考方法：

(1) 反抗法。

当对方与你相当或不及你时，可猛地用手脚反击，制伏对方；当对方有一薄弱处时，你可出其不意揪住不放控制对方；当你发现地上有反击物（如石块、木棒）时，你可佯装蹲下系鞋带捡起来震慑对方，欺软怕硬是歹徒的共同特点。

(2) 感召法。

通过讲道理，晓以利害，启发对方；或义正词严地怒斥对方，使其自我崩溃，自动放弃违法行为，因为打劫者中也有初犯、偶犯者，其心理较为脆弱。

(3) 周旋法。

佯装服从，稳住对方，分散对方注意力，松懈对方警惕性，拖延时间，寻机报警。

(4) 号叫法。

突然倒在地上打滚，喊叫号哭，引来旁人围观，令歹徒惊慌失措，你可趁机报警，或者突然大叫“救命啊……”引来旁人关注，令对方惊恐不安，趁机脱身。

(5) 认亲法。

当不远处有大人时，你可佯装惊喜万分，跑过去高呼“表哥”或“二叔”，把歹徒吓走。

(6) 抛物法。

把书包或身上值钱的物品向远处抛去，并生气地说：“给你！给你！全部给你！”当歹徒忙于捡钱、物时，快速脱身报警。

2. 有效的预防办法

(1) 尽量避免单独行动，不给坏人可乘之机。在上学、放学的路上尽量保证有人护送或结伴而行，在声势上震慑有犯罪意图的不法分子，让不法分子不敢轻举妄动。

(2) 不要和陌生人搭讪，不要轻信陌生人的巧言哄骗，尽量避免与陌生人单独相处，对形迹可疑的陌生人更要“敬而远之”，如发现有人跟踪和尾随要及时向老师和家长求助。

（3）如果遭受不法侵害或目睹不法侵害的发生，一定要沉着冷静，尽最快速度逃离现场，逃跑时要尽量向小卖部、门卫室、商场等成年人聚集的地点，以寻求成年人的保护；逃跑时可大声呼救，以便吸引路人注意，震慑犯罪分子，提高自身安全的保障系数；如无法逃离可参照防敲诈的六种方法与犯罪分子周旋，尽量保证自己的生命安全。

（4）遇到不法伤害切不可凭意气、逞英雄，一定要保护好自己，只有这样才能最大限度地减少不必要的伤亡，也只有保存自己才能去向他人求救，或者对遭受不法侵害的同学给予最行之有效的帮助。

《学生手册》

《违纪学生处理办法》

第八条　偷窃、诈骗集体和私人财物，敲诈勒索，强买强卖者：

1. 依据所得财物数量、错误手段及性质，给予警告以上或开除学籍处分。

2. 参与盗窃、诈骗，或为盗窃、诈骗提供信息、工具，或进行掩盖、提供伪证、窝赃销赃等，视其情节给予警告以上处分。

3. 在同学间进行敲诈勒索、以大欺小、强买强卖者，除返还所得财物外，视情节给予严重警告以上处分。

学以致用

讲一讲，看谁说的棒。

1. 遇到坏人时，应如何与其周旋？

____

____

2. 上学、下学时，为避免危险，应该怎么做？

____

____

项目四　公共卫生篇

经济社会发展的同时，仍存在一些不良卫生安全隐患，学习了解相关安全知识，提高新生的警惕性，加强抵御能力，对学生的健康成长至关重要。本项目就艾滋病、常见传染病、毒品、不良习惯、饮食卫生安全、突发疾病应对等方面知识进行系统的阐释，引导学生牢固树立“珍爱生命、远离毒品、自尊自爱、遵纪守法”的意识，了解必要的卫生安全常识及应对方法，培养自救自护的素养和能力。

第一讲　艾滋病

学习要求

1. 掌握艾滋病的基本知识。
2. 掌握艾滋病病毒的传播途径和预防措施。

案例警示

李军从 2011 年大一开始就开始进行网络交友，在深圳实习期间，自感寂寞的他通过手机“摇一摇”交友软件联系上了当地一名靓丽女性，很快他们有了性行为。最近他经常感到身体酸痛、疲倦，于是到市人民医院进行艾滋病检测，结果为阳性。后来，他知道自己当初摇出来的女友因为卖淫感染了艾滋病。苦果已酿成，后悔莫及。

听我解释

1. 什么是艾滋病

艾滋病是由人类免疫缺陷病毒 HIV（又称艾滋病病毒）侵入人体后所引起的一种传播迅速、病死率极高的严重传染病，其医学全称是“获得性免疫缺陷综合征”（AIDS）。

HIV 感染者是指机体感染了 HIV，但免疫功能尚未受到严重破坏，未出现明显的临床症状和体征者，又称 HIV 携带者。

AIDS 病人是指 HIV 感染者，经一定的潜伏期后，免疫系统受到 HIV 的严重破坏，并出现各种严重的继发性感染或肿瘤时的患者。

人体处于正常状态时，体内免疫系统对机体起着良好的“防御”作用，抵抗各种病原体的袭击。但受到艾滋病病毒感染之后，人体的这种良好防御系统便会受到破坏，防御功能减退，因而这时病原体经血行及破损伤口长驱直入。此外，身体中一些不正常的细胞，例如癌细胞，也同样乘机迅速生长、大量繁殖起来，发展成各类癌瘤。也就是说，艾滋病病人主要表现为免疫系统受到严重损伤，机体抵抗力下降，以至诱发严重感染和一些少见的癌瘤。

艾滋病离我们并不遥远。近年来，青年学生（15～24 岁）报告感染者人数呈增长趋势。所有人都易感染艾滋病。一个人有没有艾滋病不能从外表看出来，只有艾滋病病毒感染者和病人才能将病毒传染给他人。

2. 艾滋病的传播途径

（1）性接触传播。

由于艾滋病病毒存在于感染者体液中，异性之间和男男同性恋之间的不洁性行为可以导致艾滋病病毒迅速传播。目前，性接触传播已成为艾滋病最主要的传播途径。

（2）血液传播。

输入被艾滋病病毒污染的血液或血液制品或移植器官；手术、拔牙、美容时使用没有严格消毒的器械；共用注射器吸毒。

（3）母婴传播。

感染艾滋病病毒的妇女在怀孕时可通过胎盘将艾滋病病毒直接传染给胎儿，分娩和哺乳时都可能传播给婴儿。

应对方案

虽然目前艾滋病仍是不治之症，不过，了解艾滋病的传播途径之后，想要预防它，其实也不难。

1. 如何避免性途径感染艾滋病病毒

任何与受感染者发生的性行为都有可能传播 HIV，为使自身免受艾滋病威胁，应注意下列几点：

（1）避免婚前性行为。未成年人不应有性行为，成年人的性行为应使用安全套。

（2）减少性伴侣。性伴侣越多，感染 HIV 的概率就越大。

（3）避免使用毒品和酒精后发生性行为。

2. 如何避免血液途径感染艾滋病病毒

（1）远离毒品。绝对不可尝试吸毒，已有毒瘾的人必须立即戒毒，暂时戒不掉的也不要公用注射器吸毒。

（2）避免不必要的输血，如果确实需要输血，必须使用安全血源，提倡自体输血。

（3）到正规的医院进行拔牙，口腔治疗，注射、针刺治疗。

（4）不到消毒不严格的理发店、美容院去理发、美容和文身。

（5）刮脸刀和牙刷不要互相借用。

（6）救护流血伤员时，要做好防护措施。

3. 如何避免母婴途径感染艾滋病病毒

（1）婚前体检。女性只有确保自己没有染上 HIV，才能让婴儿免受感染。假如夫妇未能确定彼此是否带有病毒，在怀孕前应先进行 HIV 抗体测试。

（2）避免怀孕。

（3）人工喂养。

4. 作为学生，如何预防艾滋病病毒感染

（1）不发生婚前性行为。

（2）不以任何方式吸毒。

（3）不轻易接受输血和血制品。（如必须使用，要求医院提供经艾滋病病毒检测合格的血液和血制品）。

（4）不与他人共用针头、针管、纱布、药棉等用具。

（5）不去消毒不严格的医疗机构或其他场所打针、拔牙、穿耳朵眼、文身、文眉、针灸或手术。

（6）避免在日常救护时沾上受伤者的血液。

（7）不与他人共用有可能刺破皮肤的用具，如牙刷、刮脸刀和电动剃须刀。

学以致用

1. 判断对错：

（1）与艾滋病病毒者握手、拥抱会感染艾滋病病毒。（　　）

（2）与艾滋病病毒感染者共用注射器针具是传播艾滋病的重要途径。（　　）

(3) 蚊虫叮咬会感染艾滋病病毒。( )

(4) 游泳池、公共马桶会传播艾滋病病毒。( )

(5) 咳嗽和打喷嚏会传播艾滋病。( )

2. 学知识就是要学以致用，请同学们用本节课所学知识：

(1) 向亲戚朋友进行艾滋病防治知识的宣传。

(2) 写1～2条广告语，呼吁社会共同关注艾滋病患者。

____

____

第二讲 传染病

学习要求

1. 了解常见的传染病。
2. 知道传染病的传播途径及预防方法。
3. 帮助学生养成良好的生活习惯。

案例警示

2002年12月至2003年的5月，南方某县中学先后有147名学生患有急性传染性肝炎。经省疾控中心专家进行调查：该中学急性传染性肝炎爆发流行系以水源传染为主的传染性肝炎的传播。该学校自备水井的水质检测结果显示：该水井被粪便污染，水中大肠杆菌严重超标，而甲型肝炎病毒绝大多数都隐藏在大便中。

听我解释

1. 认识传染病

传染病是由病原微生物引起的具有传染性的一组疾病，是一组常见病、多发病，常可迅速传播，造成流行，严重危害人们的健康。

2. 了解常见的传染病

（1）流行性感冒简称流感：是由流感病毒引起的急性呼吸道传染病，具有很强的传染性。流感病毒分为甲、乙、丙三型。传播途径以空气飞沫直接传播为主，也可通过被病毒污染的物品间接传播。

（2）流脑（流行性脑脊髓膜炎）：是由脑膜炎双球菌引起的急性呼吸道传染病，传染性较强。

（3）结核病：是由结核分枝杆菌引起的慢性传染病，可侵及许多脏器，以肺部受累形成肺结核最为常见。结核俗称“痨病”（也称为“肺痨”），是结核杆菌侵入体内引起的感染，是青年人容易发生的一种慢性和缓发的传染病。一年四季都可能发病，15 岁到 35 岁的青少年是结核病的高发峰年龄。潜伏期 4～8 周。其中 80%发生在肺部，其他部位（淋巴、脑膜、腹膜、肠、皮肤、骨骼）也可继发感染。结核菌主要通过飞沫经呼吸道传染。

（4）流行性腮腺炎：俗称“痄腮”，是由腮腺炎病毒引起的急性、全身性感染的传染病，一般两周左右可以治愈。主要通过飞沫传播，冬春季节容易发生，多发生于儿童。

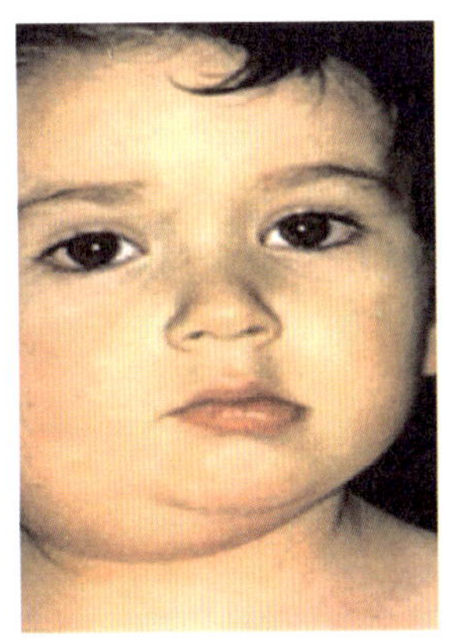
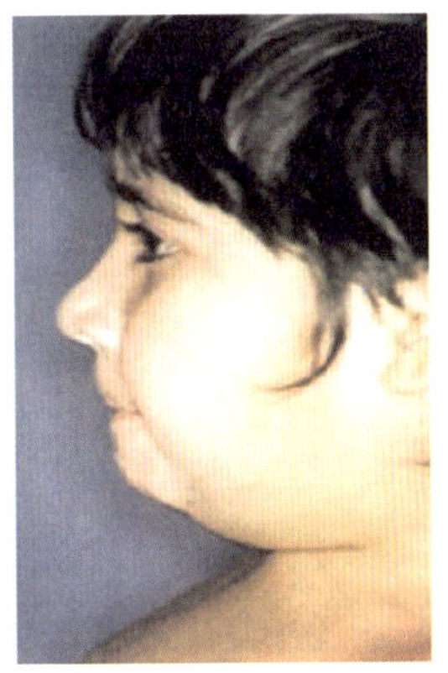

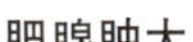
肥腺肿大　　颌下腺受累

（5）水痘：是一种由带状疱疹病毒所引起的急性传染病。水痘患者多为学龄前儿童，但也不排除青少年。水痘主要通过飞沫经呼吸道传染，接触被病毒污染的尘土、衣服、用具等也可能被传染。

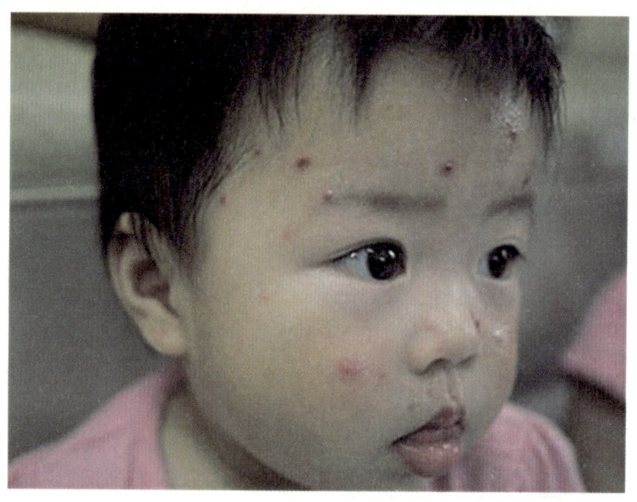

（6）风疹：是一种由风疹病毒引起的急性呼吸道传染病。传染源主要是病人和先天性风疹的患儿，病人鼻咽部分泌物（如鼻涕、痰等）、血及尿中均带有病毒，主要经空气飞沫传播，一年四季均可传染得病，以冬春季为多。风疹病毒还可通过胎盘感染胎儿，如果孕妇在怀孕期间感染本病，可导致胎儿畸形。

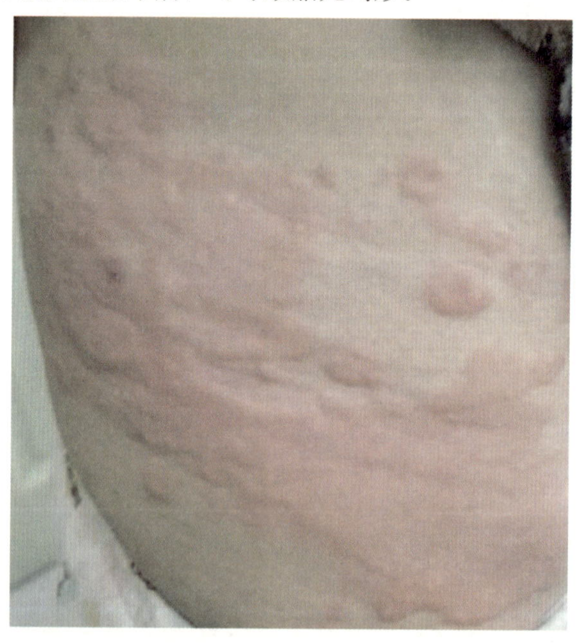

（7）新型冠状病毒肺炎

新型冠状病毒肺炎是一种急性感染性肺炎，其病原体是一种先前未在人类中发现的新型冠状病毒，即 2019 新型冠状病毒，新冠病毒可在复制过程中不断适应宿主而产生突变。2020 年 2 月 7 日，国家卫健委决定将“新型冠状病毒感染的肺炎”命名为“新型冠状病毒肺炎”，简称“新冠肺炎”。目前有 5 种“关切的变异株”，分别为阿尔法（Alpha）、贝塔（Beta）、伽玛（Gamma）、德尔塔（Delta）和奥密克戎（Omicron）。

患者症状主要表现为发热、干咳、乏力，也有一部分患者以鼻塞、流鼻涕、咽痛、嗅觉和味觉减退或丧失、结膜炎、肌肉疼痛以及腹泻等为主要表现。多数患者预后良好，部分严重病例可出现急性呼吸窘迫综合征或脓毒症休克，甚至死亡。部分患者病程中无相关临床表现，且 CT 影像学无新冠肺炎影像学特征，呼吸道等标本新型冠状病毒病原学检测呈阳性，称为无症状感染者，目前在感染奥密克戎株的患者中多见。新冠肺炎传播途径主要为直接传播、气溶胶传播和接触传播。直接传播是指患者喷嚏、咳嗽、说话的飞沫，呼出的气体近距离直接吸入导致的感染；气溶胶传播是指飞沫混合在空气中，形成气溶胶，吸入后导致感染；接触传播是指飞沫沉积在物品表面，接触污染手后，再接触口腔、鼻腔、眼睛等粘膜，导致感染。新型冠状病毒的传染性很强。

3. 认识传染病流行的三个基本环节

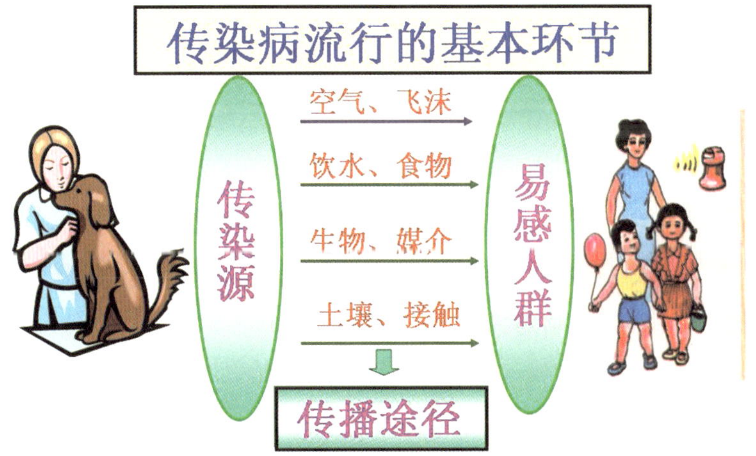

传染病的传播和流行必须具备 3 个环节：传染源、传播途径和易感人群，只要切断一个环节就能防止传染病的发生和流行。

（1）传染源是指能够散播病原体的人或动物，病原体在传染源的呼吸道、消化道、血液或其他组织中生存、繁殖，并且能够通过传染源的排泄物、分泌物或生物媒介（如蚊、蝇虱等）直接或间接地传播给健康人。

（2）传播途径是指病原体离开传染源到达健康人所经过的途径。病原体传播的主要途径有：空气传播、水传播、饮食传播、接触传播、生物媒介传播等。

（3）易感人群是指对某种传染病缺乏免疫而容易感染的人群。儿童和老年人最易感染传染病，尤其是儿童对传染病普遍易感。

应对方案

传染病流行的时候，切断三个基本环节中的任何一个环节，传染病的流行即可终止，我们预防传染病的各种措施，都是分别针对三个基本环节中的某个环节的，因此，针对传染病流行的三个基本环节，预防传染病的一般措施也可以分为以下四个方面。

1. 控制传染源

不少传染病在开始发病以前就已经具有了传染性，当发病初期表现出传染病症状的时候，传染性最强，因此对传染病人要尽可能做到早发现、早诊断、早报告、早治疗、早隔离，防止传染病蔓延；患传染病的动物也是传染源，也要及时处理。这是预防传染病的一项重要措施。

2. 切断传播途径

切断传播途径的方法，主要是讲究个人卫生和环境卫生。消灭传播疾病的媒介生物，进行一些必要的消毒工作，可以使病原体丧失感染健康人的机会。

3. 保护易感者

在传染病流行期间应该注意保护易感者，不要让易感者和传染源接触，并且进行预防接种，提高易感人群的抵抗力，对易感者本人来说，应该积极参加体育活动，锻炼身体，增强抗病能力，开展爱国卫生运动，搞好环境和个人卫生，消灭苍蝇、蚊子、老鼠、臭虫等传播疾病的动物，对于控制传染病的流行能起很大作用。

4. 新型冠状病毒冠流行期间采取的预防措施

（1）出门戴好口罩，外出尽量不要去人多的地方或是通风不良的场所。

（2）一定要勤洗手，回家后、饭前饭后、咳嗽后均要洗手，保持手部卫生。

（3）及时接种新冠疫苗。

（4）屋内多通风、定期消毒。

（5）不吃野生动物，不接触野生动物。

（6）保持良好的饮食习惯，加工生食和熟食的工具要分开。

学以致用

调查当地常见的几种传染病，并讨论如何进行预防，并做一期有关传染病预防的宣传资料。

____

____

____

____

____

____

第三讲　毒品

学习要求

1. 知道常见毒品的名称，了解毒品对个人的危害。
2. 学会一些拒绝毒品的方法，能够保护自己不受毒品侵害。

案例警示

2010 年 7 月 5 日，广西灌阳县一名初一学生，因为吸食毒品而死亡。沿着这名学生死亡的线索，记者调查了校园里孩子们面临的“白色”诱惑。

死亡的学生名叫陈桥，14 岁，事发当天中午，陈桥从学校回到家中，当时他坐在客厅沙发上，陈桥的母亲在厨房里忙着做午饭，陈桥妈妈回忆：“突然听到扑通一声，孩子从沙发上面掉在了地上，看到他脚手都抽筋了，我马上跑出来把他扶在沙发上。”

当时陈桥口吐白沫倒在地上，四肢抽搐，神志不清，家人赶紧拨打了 120 急救电

话。医生诊断："吸毒过量。"

经过几个小时的抢救，也没能留住陈桥的生命。同时灌阳县公安局民警也来到医院为陈桥做了尿检，证明他曾吸食毒品 K 粉，医院也认定陈桥是过量吸食 K 粉而导致呼吸系统衰竭，最终死亡的。这是灌阳县第一例未成年人吸毒死亡的案例。

央视新闻就曾报道过一款在 KTV 售卖的"潮流饮品"，很多青少年为追求"时髦"，而去尝试了这种过度包装的陌生饮料。哪里知道这其实是一款含有 γ-羟基丁酸的新型毒品。它无色无味，喝下可能会丧失记忆，失去意识，甚至昏迷死亡。

听我解释

1. 毒品的定义

根据《中华人民共和国刑法》第三百五十七条规定毒品是指鸦片、海洛因、甲基苯丙胺、吗啡、大麻、可卡因以及国家规定管制的其他能够使人形成瘾癖的麻醉药品和精神药品。

2. 我国常见毒品的名称及毒品对人的危害（见下表）

名称	俗称	毒性症状
鸦片	大烟、烟土、阿片	会出现面无血色、瘦弱不堪、呆滞失眠，体质器官损坏等症状，急性中毒会导致呼吸抑制死亡。
海洛因	白粉、白面、毒品之王	毒性是吗啡 4～5 倍，成瘾性极强，精神麻木，器官损坏，容易引起呼吸抑制中毒死亡。
可卡因		导致心律不齐、血压高、心肺与肝功能损害，丧失判断能力，把幻觉当成真实甚至自杀。
甲基苯丙胺	冰毒	具有强烈精神依赖性，有人使用一次就会上瘾，数量由每日 1～2 次增加到每日 6～7 次。

续表

名称	俗称	毒性症状
氯胺酮	K 粉	有致幻作用，导致感觉与意识分离，产生幻觉，麻痹人的神经。多在歌舞厅发现。
摇头丸	迷魂药	有致幻作用，导致意志丧失、任人摆布，行为失控冲动，听曲即跳，甚至摇断脖子。

3. 新型毒品层出不穷

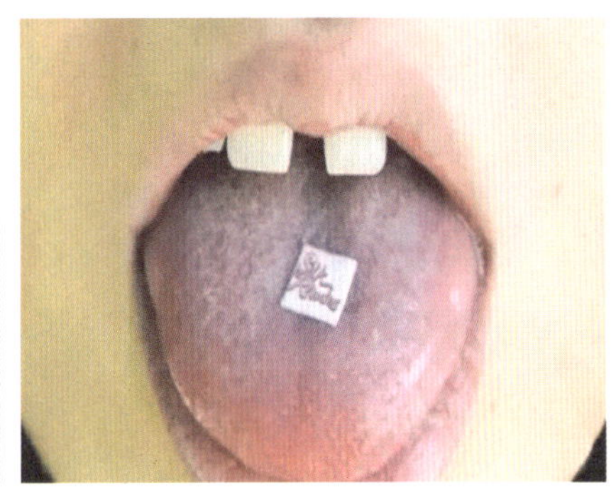

上图是一张像贴画的新型毒品——“LSD 致幻剂”。犯罪分子会将“LSD 溶剂”吸附在纸上，浸泡饮料或者直接含服。这批贩卖“LSD 致幻剂”的都是一群 00 后，除此之外还有在校大学生。是一种新型的口含式毒品，俗称“邮票”。虽然看上去只不过是一张比指甲盖还小的纸片，但这种毒品的“威力”却是摇头丸的 3 倍！只要将这张小纸片含在口中，吸毒者会心跳加速、血压升高。只需 100 微克（相当于一粒沙子 1/10 的重量）就足以让人在视觉、听觉和记忆上产生幻觉，并出现急性精神分裂，造成极大的心理落差。曾经有一位澳大利亚的 16 岁男生，在食用“LSD 致幻剂”后幻想自己能够飞翔，遂从阳台跳下身亡。

不止有上面这些华丽的“外衣”，狡猾的贩毒分子还会将毒品伪装成下面这些看似无害的“小零食”，以诱骗青少年吸毒！

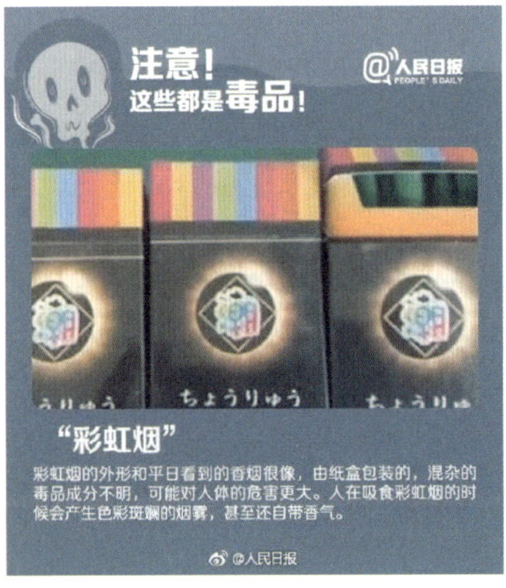

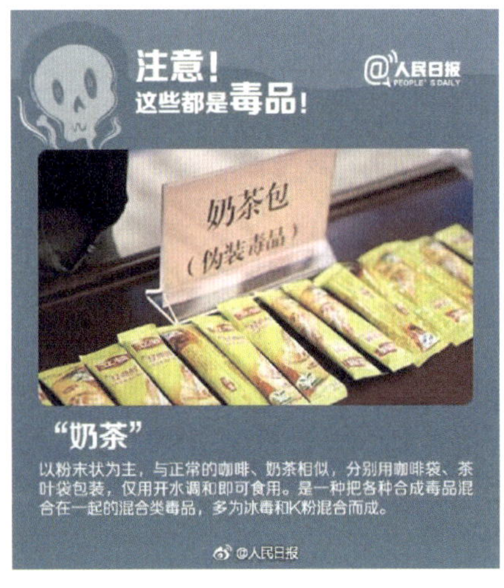

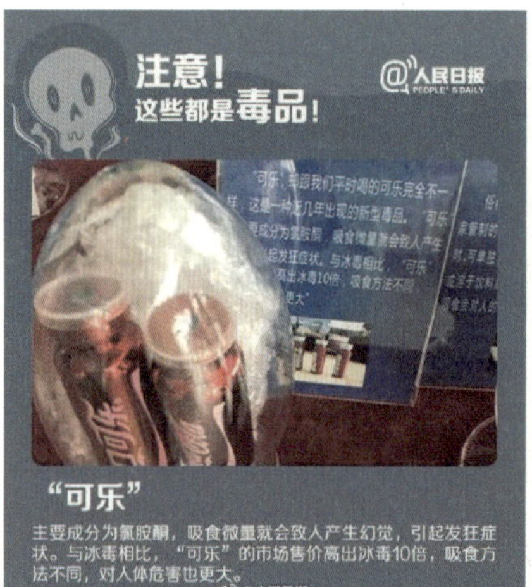
注意！
这些都是毒品！
@人民日报
PEOPLE'S DAILY
“可乐”
主要成分为氯胺酮，吸食微量就会致人产生幻觉，引起发狂症状。与冰毒相比，“可乐”的市场售价高出冰毒10倍，吸食方法不同，对人体危害也更大。
@人民日报

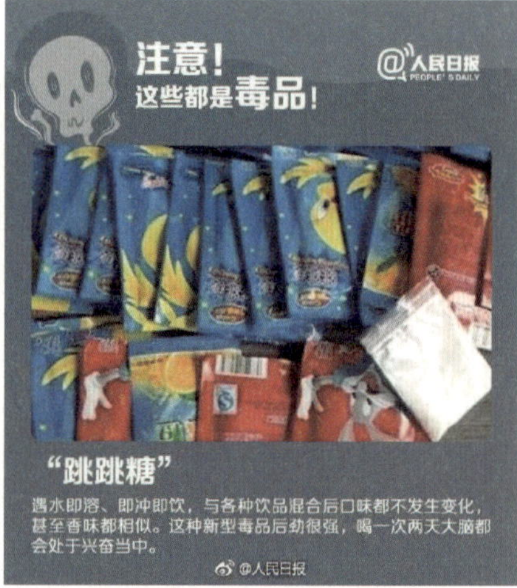
注意！
这些都是毒品！
@人民日报
PEOPLE'S DAILY
“跳跳糖”
遇水即溶、即冲即饮，与各种饮品混合后口味都不发生变化，甚至香味都相似。这种新型毒品后劲很强，喝一次两天大脑都会处于兴奋当中。
@人民日报

注意！
这些都是毒品！
@人民日报
“神仙水”
神仙水里成分复杂，是冰毒等多种毒品的混合物。因为名字好听，被当成“富人毒品”。主要在沿海城市较多见，还有法拉利水、美人水等名字，在西方国家通常被称为神仙水。
@人民日报

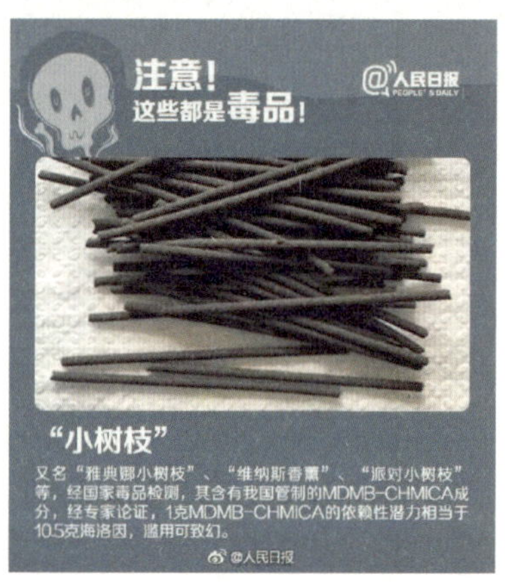
注意！
这些都是毒品！
@人民日报
“小树枝”
又名“雅典娜小树枝”、“维纳斯香薰”、“派对小树枝”等，经国家毒品检测，其含有我国管制的MDMB-CHMICA成分，经专家论证，1克MDMB-CHMICA的依赖性潜力相当于10.5克海洛因，滥用可致幻。
@人民日报

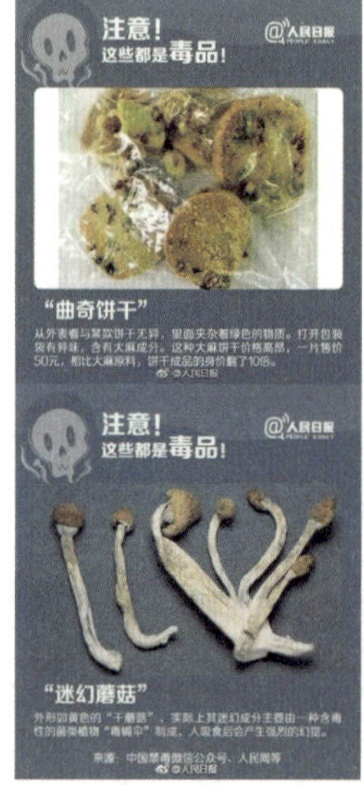
注意！
这些都是毒品！
@人民日报
“曲奇饼干”
从外表看与某款饼干无异，里面夹杂着绿色的物质。打开包装袋有异味，含有大麻成分。这种大麻饼干价格高昂，一片售价50元，相比大麻原料，饼干成品的身价翻了10倍。
@人民日报
注意！
这些都是毒品！
@人民日报
“迷幻蘑菇”
外形如黄色的“干蘑菇”，实际上其迷幻成分主要由一种含毒性的菌类植物“毒蝇伞”制成，人服食后会产生强烈的幻觉。
来源：中国禁毒微信公众号、人民网等
@人民日报

注意！
这些都是毒品！
@人民日报
PEOPLE'S DAILY
“巧克力”
包装粗糙简陋，包装袋上没有任何品牌，但这可不是普通的巧克力，而是犯罪分子用大麻熬成的油参制成的巧克力。
@人民日报

应对方案

吸毒会毁灭自己，祸及家庭，危害社会。我们中职学生该如何预防呢？下面教同学们一些这方面知识，有效预防和抵御毒品的侵袭。

1. 积极掌握毒品知识

决不因为好奇以身试毒！青少年有极强烈的好奇心，但是，千万不可放任这种好奇，在毒品问题上，你正面临生与死的选择。因此我们应该增强自制力，控制好奇心，积极掌握毒品的有关知识。

2. 拒绝接受陌生人的“馈赠”

多数吸毒者初次吸食毒品都是由于接受了毒贩子或其他吸毒人员“免费”提供的毒品而走上吸毒道路的，所以我们一定不能贪图眼前的小恩小惠，始终谨记天下没有白来的好处，任何事情都要靠自己的努力才能获得！

3. 慎重交友

无论是在学校还是在校外结交的朋友，无论是周围的同学还是社会上结交的朋友，只要在你交往甚密的人中有一个吸毒，其他人往往容易受到影响而吸毒。因此，坚决不与吸毒的人交友。

4. 不要轻信他人

警惕那些经常向你吹嘘毒品好处的人，以毒品可以治病、可以减肥等谎言骗你，使你丧失警惕，经不住诱惑。因此，生病一定要去看医生，在医生的指导下正确服用药物，不要听信毒品可以治病的谎言而深陷毒品泥潭，毁灭人生。

5. 远离易染毒场所

青少年涉足酒吧、歌舞厅、迪厅、游戏厅等娱乐场所，最容易成为毒贩子引诱吸毒的目标。严格遵守中学生日常行为规范，不吸烟不饮酒、不去舞厅酒吧、游戏厅等娱乐场所。在娱乐场所，有陌生人递给你的饮料、零食，千万不要去尝试，一定要注意自己的食物，离开了座位再回来时千万多留个心眼，不要再吃桌上的食物。

6. 不盲目追赶“时髦”

毒贩们鼓吹“吸毒是时髦的，是有钱人的标志”这种极其荒唐的错误观念。而青少年关注潮流、追崇时尚，往往会被这种错误观念所左右。因此作为新时期的青少年在潮流面前要分清是非对错，重视培养自身良好的行为习惯，不要盲从。

7. 态度坚决——绝不尝试第一次

谎称“毒品吸一两次不会上瘾”，但众多吸毒者的亲身经历是：一日吸毒，永远想吸，终生难戒。

有些路永远不能走！有些错永远不能犯！一日吸毒，永远想毒，终身难戒毒，千万莫尝第一口！

学以致用

每组以“远离毒品，珍爱生命”为主题，创作一份手抄报或一个网页，在橱窗或局域网上进行宣传和交流。每班选出 1 份作品，给予表扬。

____

____

____

第四讲　不良行为习惯

学习要求

1. 了解哪些行为属于不良行为习惯。
2. 摒弃不良的行为习惯，养成良好的行为习惯。

案例警示

刘某 15 岁，某中学学生，沉迷于网吧中的网络游戏，但父母不给钱，怎么办呢？

他想到了向同学要钱，一天，他在学校操场玩时看见同学方某，刘某就上前让方某给他钱，并威胁方某说，你以前和别人打过架，被打的人让我来拿医药费，自己认识很多社会上的人，不给钱就让人来打死你，方某很怕，将自己身上仅有的5元给了他，以后刘某陆续向方某要了三次共60多元，最后一次刘某逼方某拿50元，方某不给，刘某便将方某带到一处偏僻的地方，用玻璃刮方某的手掌，用烟头烫方某的胳膊，并要求方某第二天中午把钱送到刘某手中，在这种情况下，方某把事情告诉了他父亲，父亲听了后立刻报了警，在公安机关的努力下刘某被抓获。刘某在接受审判时说："我和同学要点钱只是觉得好玩，没想到有这么严重的后果"。

警方在调查取证过程中发现，刘某在校期间表现就很不好，每天迟到、早退，无故旷课，并且经常与校外的社会闲散人员混在一起，不遵守纪律，不认真接受老师的批评教育。可以说，酿成最终惨祸的根源就是他不遵守校规，不接受老师的批评教育。我们怎能不引以为戒呢？

听我解释

青年学生常见的不良行为习惯主要有以下一些：

1. 吸烟

点燃的是香烟，燃烧的却是健康。很多青少年不是喜欢烟草的味道，而是喜欢吸烟的感觉，认为吸烟时那种姿态超酷，吸烟会给自己带来所谓的成熟感、新潮感。研究表明，全世界每天都有不少人死于吸烟引起的各种疾病，香烟燃烧会释放大量有毒物质，如醛类、烯类等，对呼吸道有刺激作用，会引起呼吸道疾病；尼古丁等则刺激交感神经，引起血管疾病；更为严重的是焦油等物质有致癌作用。

2. 喝酒

现代医学研究告诉我们：酗酒所引发的酒精急性中毒，可以使人丧命。慢性酒精中毒，对身体有多方面的损害，如可导致多发性神经炎，心肌病变、脑病变、造血功能障碍、胰腺炎、胃炎和胃溃疡等，还可使高血压的发病率升高。常饮酒的人喉癌及消化道癌发病率明显增高。长期大量饮酒，还会危害生殖细胞，导致后代的智力低下。青少年自制力不足，喝起

酒来不加节制，往往烂醉如泥，甚至会染上酒瘾，对身体和心理发育危害更大。

3. 其他不良习惯

（1）说谎。

学生说谎中比较普遍的是没有完成作业而编出各种理由欺骗教师，有的同学犯了错误后，编出各种理由为自己辩解，更有甚者，有的同学是死也不肯承认，即使证据确凿；有的同学课外时间打闹被老师发现后，把责任全部推卸给别人；有的同学谎称学校要交费，从家中骗取钱财。

（2）纪律观念淡薄。

1）损害公物。最典型的是在书桌、椅子、墙壁上用刀、用笔刻画“留言”，用涂改液等乱写乱画，内容大都是消极颓废、思想不健康的语言垃圾，这不但破坏了公物，也污染了大家的视觉及心灵。

2）个别同学在教学楼道、教室内大声喧哗，互相打闹，破坏了教学环境应有的宁静与和谐。

3）集会排队时嬉笑打闹。

4）打饭不排队，拥挤。

（3）言行不得体，讲脏话。

课间休息时，同学间的谈话有时脏话连篇，特别是男同学，他们自己并没有意识到这是不文明的行为；当别人意见与自己不同时，当自己的不文明行为受到制止时，往往恶语伤人，庸俗不堪。

（4）劳动意识淡薄。

在打扫教室卫生或防区卫生时，有的同学总是以各种借口逃避，或者敷衍了事，或者和同伴说笑打闹，小小防区收拾了半天，还是没有打扫干净。

（5）偷窃。

有些同学有小偷小摸现象，偷窃的对象一般是本班学生，偷窃的物品往往是钱、生活及学习用品。

（6）赌博。

由于受社会上博彩心理的影响，部分学生中存在着利用扑克牌、麻将牌进行赌博的现象，有的同学还沉溺于“赌博机”“老虎机”等游戏。

应对方案

1. 养成良习，从遵规守纪开始

良好的习惯是从良好的行为开始的，恶习沾染也是从不良行为开始的。有的同学虽

然年龄不大，无论是学习生活，还是为人处世，都有良好的习惯，深受老师的喜爱与同学们的好评；但也有些同学却沾染了许多世俗或成人化的恶习，抽烟、喝酒，学习不踏实，做事马虎，撒谎，不讲卫生，甚至满口脏话等。良好习惯不是天生就有的，而是从良好的行为开始一步一步养成的，现在，同学们处于许多习惯的养成阶段，是培养良习的关键时刻，良习的培养从遵规守纪开始。

2. 战胜自我，不断改恶除弊

我们每个人身上或多或少都存在着一些不良习惯，这些不良习惯无论是对自己，还是对社会都是有一定危害性的。虽然“恶习难改”，但并不是说“恶习不能改”。当然，要改掉不良习惯，是一个十分痛苦的过程，需要有坚强的意志力和毅力来支撑。比如：有的同学养成了抽烟的不良习惯，一旦成瘾，虽然完全戒掉是很困难的，但我们身边还是有许多戒烟成功的先例。我们青年学生形成了一点不良习惯并不可怕，可怕的是不良习惯变成了恶习，因此作为新时代中国特色社会主义的建设者和接班人，我们不仅要努力把握好自己的行为，努力形成良好的习惯，还要不断战胜自我，努力改掉自身存在的不良习惯。

3. 树立志向，收获命运和成就

良好的习惯会使我们受益终身，不仅能造就良好的性格，还能为我们成就大事、担当大任打下铺垫。青年学生要时刻明确主宰命运的是我们自己，要树立远大的志向，树立远大的理想，为将来的人生蓝图做好规划设计，围绕着目标及理想，处处严格要求自己，时刻提醒自己，不断改掉自身存在的不良习惯，逐步培养良好习惯。

《学生手册》

《违纪学生处罚办法》

第九条 破坏公共财物者，除照价赔偿外，同时给予下列处罚：

1. 破坏公共财物价值在 50 元（含 50 元）以下者，给予警告或严重警告处分；破坏公共财物价值在 50 元以上，给予记过或留校察看处分。

2. 破坏公共财物造成严重后果者，给予勒令退学处分。

第十条 赌博、酗酒、吸烟、观看传播淫秽物品者：

1. 赌博者，视情节轻重，分别给予警告、严重警告、记过或留校察看处分，并没收赌资赌具，屡教不改者，给予勒令退学处分。

2. 喝酒以及酒后造成不良影响者，给予严重警告或记过处分，酒后滋事，造成严重后果者，给予留校察看或以上处分。

3. 在校内及公共场所吸烟者给予警告处分。

学以致用

请以小组为单位，记录校园内好的行为习惯和不好的行为习惯，做成宣传卡片，在校园中开展一次宣传活动。

____

____

____

第五讲 饮食卫生安全

学习要求

1. 了解垃圾食品以及它们对身体的危害。
2. 养成健康饮食的习惯。

案例警示

16 岁的小华在某技校就读，三个月前，感冒初愈后的小华吃了几包“辣条”后，身上长出了好多出血点。第二天，到医院检查确诊，小华得了过敏性紫癜，而且伴有肾炎。医生告诉家长，得这种病极有可能是吃了不干净的食物引起的。“肯定是那些辣条惹的祸”，小华的爸爸左思右想回忆说。小华一向喜欢吃辣味的东西，经常买一些便宜的“辣条”吃。“那些辣条一大包一两块钱，学校边上都散着卖，一小块儿一两毛钱，很不卫生!”

医院皮肤科一位医生向记者介绍，过敏性紫癜、肾炎是一种免疫性疾病，多发于儿童及青少年。发病者多为过敏性体质，食用牛奶、虾、鱼、蛋、羊肉、龙虾、海鲜等动物蛋白以及不干净的豆制品等食物后引发。他提醒家长，孩子正值发育期间，一定要注意饮食卫生，没有包装和生产日期的食品坚决不能食用，而且尽量少吃或不吃易过敏的食物。

听我解释

1. 什么是垃圾食品

油炸类食品是导致肥胖、心脑血管疾病的元凶。

腌制类食品造成肾脏负担加重，还容易导致高血压，鼻咽癌。

烧烤类食品含有强致癌物质，可以使蛋白质炭化变性。

垃圾食品是指仅提供一些热量，别无其他营养素的食物，或是提供超过人体需要，变成多余成分的食物。

2. 对身体有害的食品

爆米花、薯片、糖果等都是不利于身体健康的零食。

零食隐藏五大隐患：

（1）色素过量：一些食品中含有过量的人工色素，可能会造成腹泻等症状。

（2）防腐剂超标：防腐剂摄入过多时会在一定程度上抑制骨骼生长，危害肾脏、肝脏的健康。

爆米花中含有比较多的铅，会影响儿童的智力和体格发育，损害成年人的神经功能。

薯片营养成分低， 还含有大量脂肪和能量，容易导致发胖，是皮肤的天敌。

这类糖果只含有糖分，其水果味来自香精、色素等添加剂，多吃容易导致肥胖和龋齿。

膨化食品营养尚可，但一些产品含有大量色素、香精、防腐剂、人工甜味等食品添加剂。

（3）糖精过量：在蜜饯、糕点等食品中可能含有过量的糖精，这会引起肝脏代谢功能问题。

（4）高盐高糖：豆腐干等食品中含有大量的盐或糖，会增加肾脏负担。

（5）大量反式脂肪酸：过多摄入会损害少年儿童的智力、危害心脏。

应对方案

如何保证饮食卫生安全？

（1）养成良好的个人卫生习惯，饭前、便后要洗手。

（2）要学会辨认食品的 QS 标志，不购买、食用三无食品、饮品，不食用过期、变质的食品。

（3）生吃瓜果要洗净，不随意食用野菌、野菜、野果，以防中毒。

（4）不食不明药物，防止和消除由于药物滥用所带来的对身体和对社会的危害。

（5）不喝生水，喝白开水最安全。

（6）不随意购买、食用街头小摊贩出售的劣质食品，尽量在学校食堂就餐，不要在校外小食店、路边店用餐。

《学生手册》

《学生思想品德百分考核实施方案》

2. 严禁在校内买卖（包括带到学校自用）三无小商品、外卖、烟酒等，违者扣 5～30 分。

学以致用

1. 小组自由讨论：我们吃的哪些东西是垃圾食品？

____

____

____

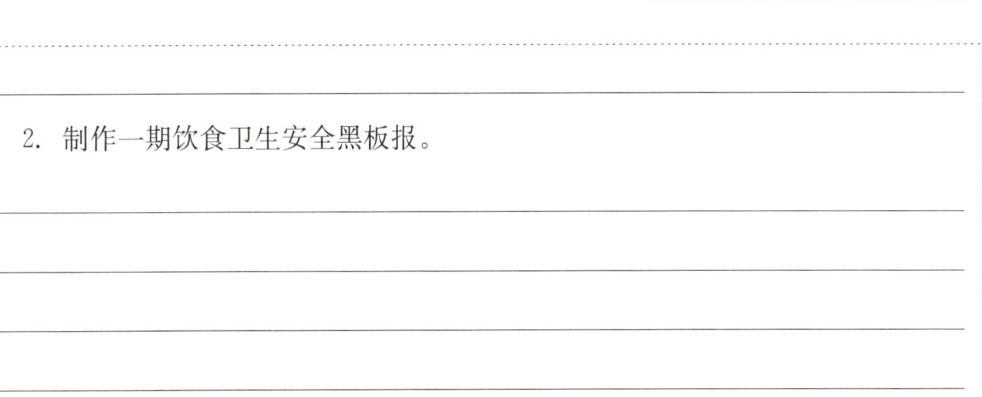

2. 制作一期饮食卫生安全黑板报。

第六讲　突发疾病应对

学习要求

1. 了解常见突发疾病的症状及紧急处理方法。
2. 培养自我保护意识，减轻疾病伤害。

一、流鼻血

听我解释

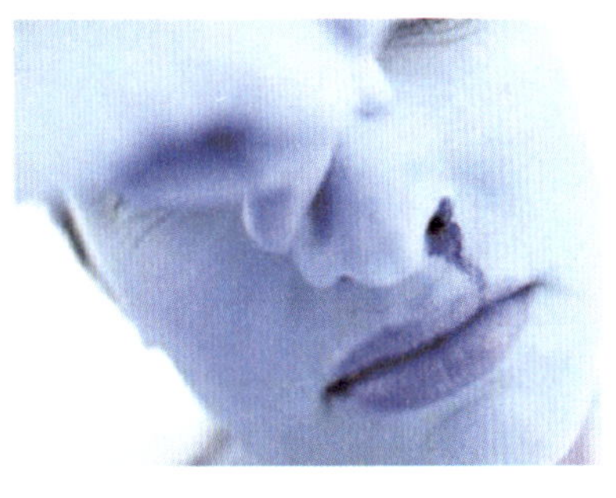

流鼻血的症状有哪些？

出血可发生在鼻腔的任何部位，但以鼻中隔前下区最为多见，有时可见喷射性或搏动性小动脉出血，鼻腔后部出血常迅速流入咽部，从口吐出，一般来说，局部疾患引起的鼻出血，多限于一侧鼻腔，而全身疾病引起者，可能两侧鼻腔内交替或同时出血。

应对方案

（1）禁食辛辣刺激的食物，戒除烟酒，以免滋生火热。改掉挖鼻的习惯，避免鼻部损伤，有全身性疾病的患者要积极治疗，以免鼻出血的发生。

（2）止血方法：

1）局部压迫止血：头部应该保持正常竖立或稍向前倾的姿势。用手指由鼻子外面压迫出血侧的鼻前部（软鼻子处），似一般以手夹鼻子的做法，直接压迫五至十分钟。大部分病人都可以此种方法简单地来止血。假如压迫超过了十分钟后血仍未止，则可能代表着严重的出血，或有其他问题存在，此时必须送医院做进一步处置。

2）用冰冷敷：冰冷能促使血管膨胀及减少流血，可以用碎冰或冰毛巾冷敷鼻子、颈部及脸颊，促使血管膨胀，减少流血。

3）左（右）鼻孔流血，举起右（左）手臂，数分钟后即可止血。

4）患者左（右）鼻孔流血时，另一人用中指钩住患者的右（左）手中指根并用力弯曲，几十秒钟即可止血。

5）用布条扎住患者中指根，左（右）鼻孔流血扎右（左）手中指，鼻血止住后，解开布条。

6）让患者坐在椅子上，将双脚浸泡在热水中，可止鼻血。

7）如流鼻血不止，要及时到医院就医。

二、烫伤

听我解释

1. 什么是烫伤

烫伤是一种由物理或化学因素，如热力、化学、电流及放射线等所引起的常见的外伤性疾病。小面积烧伤仅引起皮肤和（或）黏膜组织或相应的深层组织的损伤。但较大面积的烧伤，可引起机体的各个系统出现不同程度的功能、代谢和形态变化，使伤员全身出现严重的反应和内脏损害，发生休克、脓毒症和多脏器功能衰竭等并发症，死亡率很高。烧伤创面的愈合及治疗过程复杂，时间较长，创面愈合后可遗留有瘢痕挛缩和功能障碍等后遗症。

2. 烫伤的诊断

诊断：烫伤程度分三度。

一度伤：烫伤只损伤皮肤表层，局部轻度红肿、无水泡、疼痛明显，应立即脱去衣袜后，将创面放入冷水中浸洗半小时，再用麻油、菜油涂擦创面。

二度伤：烫伤是真皮损伤，局部红肿疼痛，有大小不等的水泡，大水泡可用消毒针刺破水泡边缘放水，涂上烫伤膏后包扎，松紧要适度。

三度伤：烫伤是皮下，脂肪、肌肉、骨骼都有损伤，并呈灰或红褐色，此时应用干

净布包住创面及时送往医院，切不可在创面上涂紫药水或膏类药物，影响病情况观察与处理。

应对方案

烫伤应如何护理？

（1）先用凉水把伤处冲洗干净，然后把伤处放入凉水浸泡半小时。一般来说，浸泡时间越早，水温越低（不能低于5℃，以免冻伤），效果越好，但伤处已经起泡并破了的，不可浸泡，以防感染。

（2）用淡盐水轻轻涂于灼伤处，可以消炎。

（3）用鸡蛋清、蜂蜜或香油，混合调匀涂敷在受伤处，有消炎止痛作用。

（4）切几片生梨，贴于烫伤处，有收敛止痛作用。

（5）皮肤被油或开水烫伤后，可用风油精、万花油或植物油（如麻油）直接涂于创面，皮肤未破者，一般5分钟即可止痛。

（6）用金霉素眼药膏涂在伤处，数分钟后可以消肿止痛。

（7）烫伤后，马上抹些肥皂，可暂时消肿止痛。

（8）热油烫伤，切生土豆片敷在患处，热了再换新的土豆片，很快就不疼了，而且不会留疤。

三、晕倒

听我解释

人为什么会突然晕倒？

晕倒是由于血管的收缩和舒张功能发生短暂性障碍，引起脑部暂时性缺血所致。人若突然受刺激、极度恐惧和剧痛，贫血病人久坐或蹲着突然站起来，有心脏疾病或脊椎病等，都可能导致突然晕倒。

应对方案

1. 晕倒的急救处理

一旦发生这种情况，应该让患者躺下平卧，头部偏向一侧并稍放低，然后解开领口、衣服，使其呼吸畅通，可以采取人工呼吸和心脏按压的方法进行急救，若有心脏病史，可口服硝酸甘油、麝香保心丸。

2. 晕倒的预防措施

（1）坚持锻炼，增强体质。

（2）久站时，要交替活动下肢，久蹲后不要突然起立，要缓缓站起。

（3）疾跑后不要骤停不动，要继续慢跑并作深呼吸片刻。

（4）久病、体弱者，暂不参加剧烈运动。

学以致用

小组合作模拟急救演练。

项目五　自然灾害篇

自然灾害是自然界中发生的异常现象，其中地震、暴雨、雷电、大风、洪水、泥石流等突发性灾害会给人类生命财产造成重大损失。在遭遇自然灾害的时候，除及时告知政府部门救援外，学习防灾、自救和互救知识，在遇险时及时应变，可以减少事故发生，保障自己和他人的人身安全，减轻灾害程度。

第一讲　地震

学习要求

1. 了解有关地震的基本知识。
2. 掌握地震防护知识和自救措施。
3. 感悟生命的可贵。

案例警示

“5·12”汶川大地震

2008 年 5 月 12 日 14 时 28 分 04 秒，四川省阿坝藏族羌族自治州汶川县发生里氏 8.0 级地震。这次地震是中华人民共和国成立以来破坏力最大的地震，也是继唐山大地震后伤亡最惨重的一次。

根据中国地震局的数据，此次地震的面波震级达 8.0Ms、矩震级达 8.3Mw，破坏地区超过 10 万平方千米，地震烈度可能达到 11 度。地震波及大半个中国及亚洲多个国家和地区，北至辽宁，东至上海，南至泰国、越南，西至巴基斯坦均有震感。

听我解释

1. 什么是地震

地震又称地动，是地壳快速释放能量过程中造成振动，期间会产生地震波的一种自然现象。地球上板块与板块之间相互挤压碰撞，造成板块边沿及板块内部产生错动和破裂，是引起地面震动的主要原因。

2. 震源、震中和地震波

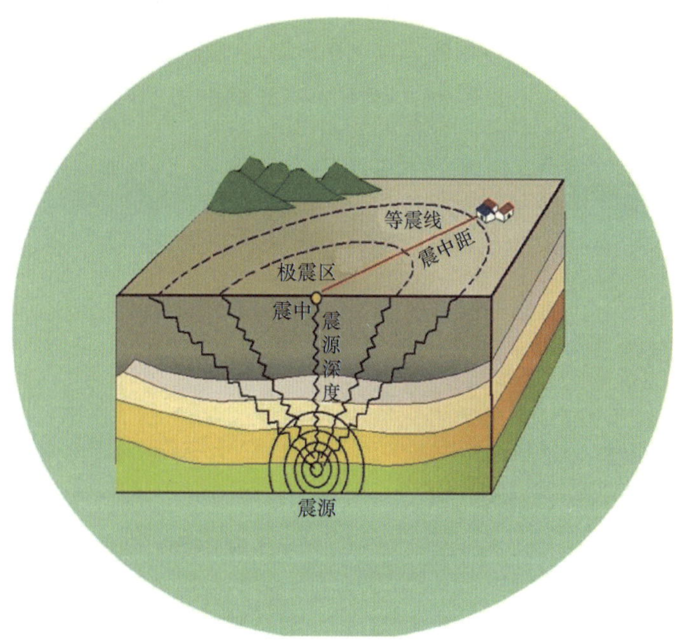

震源：是地球内发生地震的地方。

震源深度：震源垂直向上到地表的距离是震源深度。我们把地震发生在 60 千米以内的称为浅源地震；60～300 千米为中源地震；300 千米以上为深源地震。目前有记录的最深震源达 720 千米。

震中：震源上方正对着的地面称为震中。震中及其附近的地方称为震中区，也称极震区。震中到地面上任一点的距离叫震中距离（简称震中距）。震中距在 100 千米以内的称为地方震；在 1 000 千米以内称为近震；大于 1 000 千米称为远震。

地震波：地震时，在地球内部出现的弹性波叫做地震波。这就像把石子投入水中，水波会向四周一圈一圈地扩散一样。

3. 什么是震级

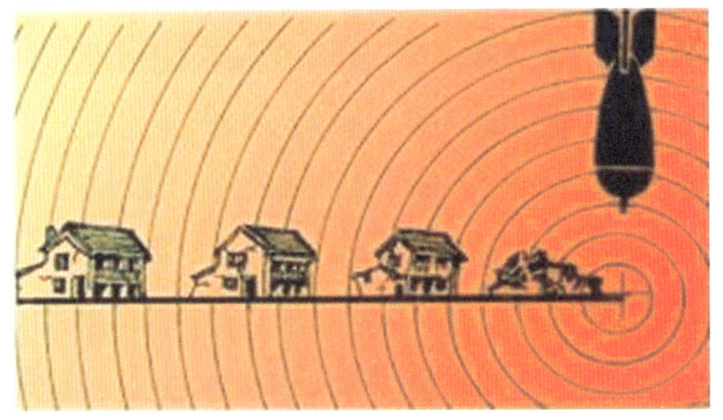

震级是地震释放能量的大小。震级小于 3 级的地震为弱震；震级大于或等于 3 级，小于或等于 5 级的地震为有感地震；震级大于 5 级小于 6 级的地震为中强震；等于或大于 6 级的地震为强震，其中震级大于或等于 8 级的地震为巨大地震。

应对方案

1. 在学校如何避震

如果遇到地震应立即暂时躲在课桌或坚固物品下面。

不能慌乱，不可带头乱跑，等待教师等现场工作人员的指挥，就地避震。

及时撤鸦楼房、高压线等危险地段，到操场等空旷地方避难。

如果震后被废墟埋压，要保存体力，尽力寻找水和食物创造生存条件，耐心等待救援。

（1）在教室上课遭遇地震时，不要乱跑或者跳楼，应迅速躲进跨度小的空间，保护头部，地震后，有组织撤离教室，到附近的开阔地带避震。

（2）在操场或室外的学生，不要乱挤乱拥，应避开危险物和高大建筑物，原地蹲下，双手保护头部。

2. 在家里如何避震

（1）地震时如何在家里，应立即关闭煤气和电闸，防止触电和发生火情，与地震相比，地震所引起的火灾往往更可怕。

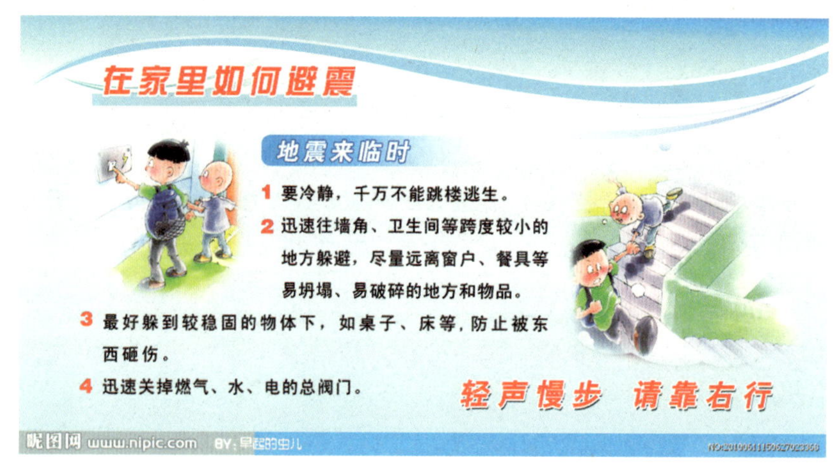

（2）如果住的是平房，且离门很近，应迅速跑到门外空旷地方。

（3）尽量躲在体积小的房间，如卫生间、厨房等，最好能找一个可形成三角空间的地方。

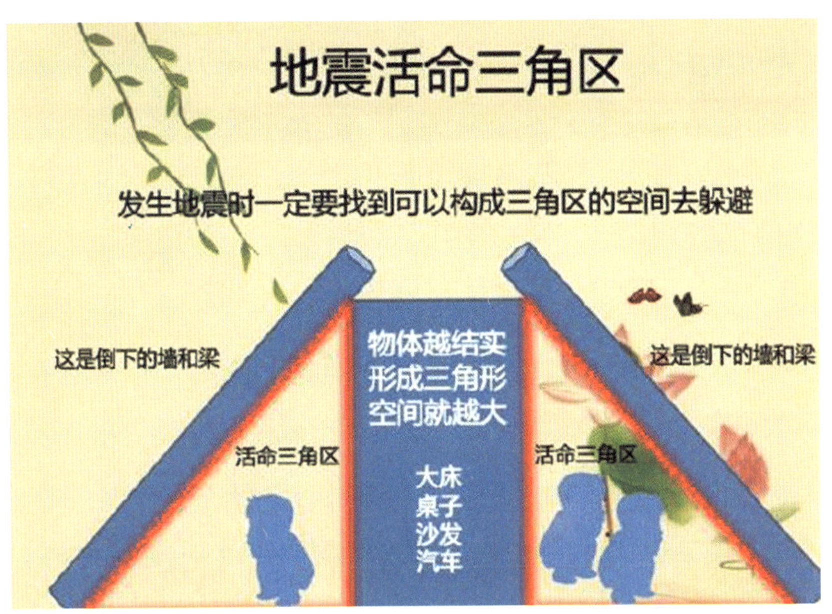

（4）可以就近伏在坚固家具下面或旁边，待震后迅速撤离。如果你来不及逃到室外，下图可以是活命三角区：

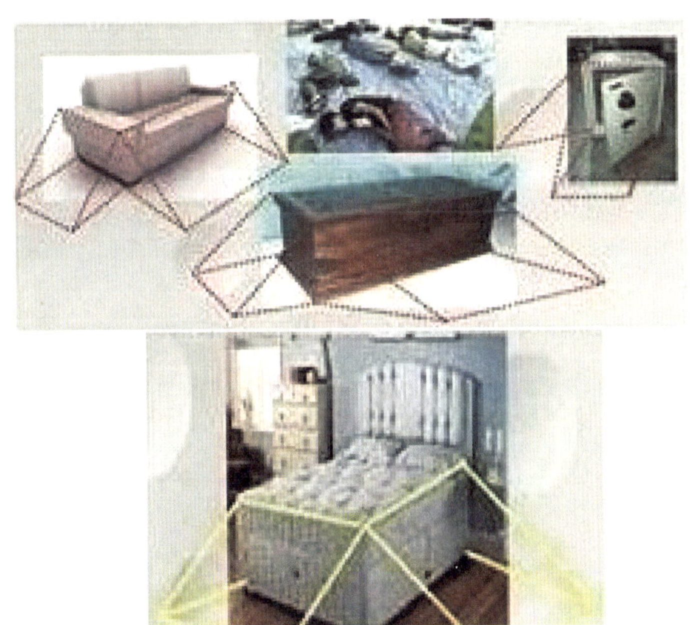

3. 在工厂实习如何避震

如距离车间门较近，应迅速撤至车间外空旷地避震，如距车间门较远，应迅速关闭机器的电源开关，同时躲在墙角下、坚固的机器或桌椅旁。

学以致用

1. 地震是地球（　　）物质运动的结果。

A. 外部　　B. 地壳　　C. 地幔　　D. 内部

2. 世界上三大地震带是（　　）。

A. 环太平洋地震带、印度洋地震带和海岭地震带

B. 环太平洋地震带、亚欧地震带和海岭地震带

C. 亚欧地震带、北极洋地震带和环太平洋地震带

D. 印度洋地震带、北冰洋地震带和环太平洋地震带

3. 当地震发生时你在家里（楼房），应如何避震？（　　）。

A. 躲在桌子等坚固家具的下面，房屋倒塌后能形成三角空间的地方

B. 去楼道

C. 原地不动

D. 跳楼

4. 当地震发生时你在学校上课，应如何避震？（　　）。

A. 向教室外跑　　B. 听老师指挥

C. 蹲在地上　　D. 涌向楼梯间

5. 地震发生后，从高楼撤离时应走（　　）。

A. 安全通道　　B. 跳楼

C. 乘坐电梯　　D. 从窗户抓绳下滑

6. 人们在避震“自救瞬间”首先选择的是（　　）。

A. 先保护头　　B. 先保护胸部

C. 先保护双手　　D. 先保护双脚

7. 震后救人时对处于黑暗窒息、饥渴状态下埋压过久的人，正确的护理方法是（　　）。

A. 尽快救出来，尽快见光亮

B. 尽快救出来，尽快进食

C. 蒙上眼睛救出来，慢慢呼吸、进食

D. 尽快救出来，尽快输氧

8. 震后被埋压时求生的对策是（　　）。

A. 不停地呼救　　B. 不顾一切的行动

C. 精神崩溃，惊慌失措　　D. 保存体力，寻找脱险捷径

9. 创伤现场正确的急救技术是（　　）。
A. 止血、包扎、固定、搬运
B. 止血、包扎、固定、等待医护人员
C. 止血、包扎、等待医护人员
D. 止血、固定、等待医护人员
10. 地震造成的人员伤亡的最主要原因是（　　）。
A. 各类建筑物的破坏和倒塌所致　　B. 大地震动
C. 地面开裂　　D. 火灾

第二讲　暴雨

学习要求

1. 加深对暴雨的了解。
2. 增强自护、自救、互救的能力，提高安全意识。

案例警示

2012 年 7 月 21 日，一场全市范围内的降雨突袭北京，截至 22 日 6 时，全市平均降雨量 170 毫米，城区平均降雨量 215 毫米，这也是北京自 1951 年有气象观测记录以来观测到的最大值。这次降雨从 21 日 10 时左右开始，降雨致主城区多地积水严重，多条交通受阻，多部门启动应急响应，北京多区县紧急转移 14 152 人。

听我解释

1. 什么是暴雨

气象上规定，每小时降雨量 16 毫米以上或连续 12 小时降雨量 30 毫米以上、24 小时降水量为 50 毫米或以上的雨称为“暴雨”。

2. 暴雨预警信号

暴雨预警信号分四级，分别以蓝色、黄色、橙色、红色表示。暴雨蓝色预警：12小时内降雨量将达50毫米以上，或者已达50毫米以上且降雨可能持续。暴雨黄色预警：6小时内降雨量将达50毫米以上，或者已达50毫米以上且降雨可能持续。暴雨橙色预警：3小时内降雨量将达50毫米以上，或者已达50毫米以上且降雨可能持续。暴雨红色预警：3小时内降雨量将达100毫米以上，或者已达100毫米以上且降雨可能持续。

3. 暴雨的危害

(1) 城市内涝。城市内涝会造成严重的经济损失，包括房屋地基因积水而造成的损坏、财产因进水而造成的损失、交通瘫痪对物流行业造成的影响、施工场地停工而造成的损失等。城市内涝会对城市卫生造成很大的影响，会导致河流溢流污染，还会因长时间浸泡垃圾等产生恶臭，对周边水体产生非常大的影响。城市内涝在短时间内给城市带

来较大的排水压力，当大量径流沿河道输送至下游时，会严重影响下游城市的行洪，给下游城市带来严重的排水压力。城市内涝对周边生态系统的破坏也是极其严重的，城市本身处在一个生态环境极为脆弱的体系之中，长期的淹水条件会对动植物生长造成很严重的影响。

（2）洪涝灾害。由暴雨引起的洪涝会淹没作物，使作物新陈代谢难以正常进行而发生各种伤害，淹水越深，淹没时间越长，危害越严重；特大暴雨引起的山洪暴发、河流泛滥，不仅危害农作物、果树、林业和渔业，而且还冲毁农舍和工农业设施，甚至造成人畜伤亡，经济损失严重。

应对方案

如何预防暴雨带来的危害？

（1）预防居民住房发生小内涝，可因地制宜，在家门口放置挡水板或堆砌土坎。

（2）室外积水漫入室内时，应立即切断电源，防止积水带电伤人。

（3）在户外积水中行走时，要注意观察，贴近建筑物行走，防止跌入井、地坑等。

（4）驾驶员遇到路面或立交桥下积水过深时，应尽量绕行，避免强行通过。如果车辆被困水中，要立即解开安全带，同时打开车门电子中控锁，以防车门电路失灵；如果是刚刚积水，一定要及时打开车窗，全力打开车门逃生。但如果错过这个时间点，也不要惊慌失措，要选择破窗逃生。破窗的方式也有技巧，在车身玻璃中，挡风玻璃最厚，人在车里面很难砸破，车门窗和天窗最薄，选择边角部位，相对容易砸碎。

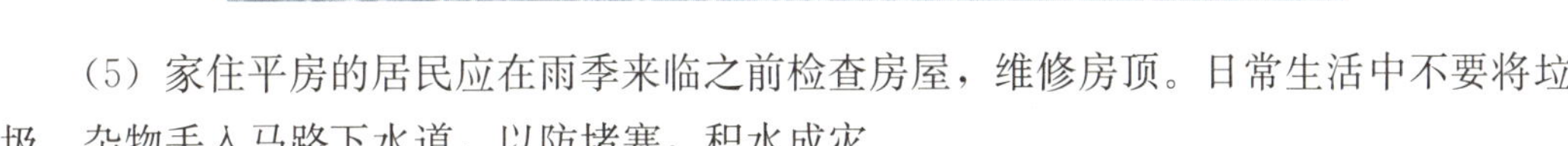

（5）家住平房的居民应在雨季来临之前检查房屋，维修房顶。日常生活中不要将垃圾、杂物丢入马路下水道，以防堵塞，积水成灾。

（6）暴雨期间尽量不要外出，必须外出时应尽可能绕过积水严重的地段。在山区旅游时，注意防范山洪，上游来水突然混浊、水位上涨较快时，须特别注意。

学以致用

以小组为单位讨论在户外遇到暴雨如何应对，讨论完毕后每组出一名代表发言。

____

____

____

____

第三讲　雷电

学习要求

1. 了解雷电的相关知识。

2. 掌握室内室外雷电灾害的预防措施。

3. 提高安全、自救意识。

案例警示

2007 年 7 月 23 日重庆市开县义和镇兴业村小学遭受雷击，造成 7 名小学生死亡、44 名小学生受伤，其中 5 人重伤，事故原因正在进一步调查。23 日 16 时 34 分，兴业村小学突遭雷击，造成 7 名小学生死亡，其中 5 人为六年级学生，2 人为四年级学生，年龄最小的 10 岁，年龄最大的 14 岁。受伤的 44 名小学生都是四年级和六年级学生，年龄在 9 岁至 14 岁。

听我解释

1. 什么是雷电

雷电是伴有闪电和雷鸣的一种放电现象。雷电一般产生于对流发展旺盛的积雨云中，因此常伴有强烈的阵风和暴雨，有时还伴有冰雹和龙卷风。

2. 形成雷电的原因

由于云层相互摩擦、碰撞而使不同的云层带不同的电，当电压达到可以穿过空气的程度以后，临近的两片云层会发生放电现象，产生电花和巨大的响声。肉眼看到的一次闪电，其过程是很复杂的。当雷雨云移到某处时，云的中下部是强大的负电荷中心，云底相对的下垫面变成正电荷中心，在云底与地面间形成强大电场。

应对方案

1. 预防雷电灾害的措施

（1）室内预防雷电灾害的措施：

1）发生雷雨时，一定要及时关好门窗，防止直击雷击和球形雷的入侵。同时还要尽量远离门窗、阳台和外墙壁，否则，一旦雷击房屋，你可能会接触电压和旁侧闪击的伤害，成为雷电电流的泄放通道。

2）在室内不要靠近、更不要触摸金属管线，包括水管、暖气管、煤气管等，特别提醒在雷雨天气不要洗澡，尤其是不要使用太阳能热水器洗澡。

3）在房间里不要使用任何家用电器，包括电视、电脑、电话、电冰箱、洗衣机、微波炉等。

4）要保持室内地面的干燥以及各种电器和金属管线的良好接地。如果室内的地板或电器线路潮湿，就有可能发生雷电电流漏电伤及人员，室内的金属管线如果接地不好，接地电阻很大，雷电电流不能很通畅地泄放到大地，就会击穿空气的间隙，向人体放电，造成人员伤亡。

（2）室外预防雷电灾害的措施：

1）由于云与大地之间发生的雷电，是有选择性的。一般高大的物体以及物体的尖端是容易被雷击的，所以在室外请不要靠近铁塔、烟囱、电线杆等高大物体，更不要躲在大树下或者到孤立的棚子和小屋里避雨。

2）如果在室外万一无处躲藏，你可以躲在与避雷装置顶成45°夹角的圆锥范围内，这是一个避雷针安全保护的区域，但不要靠近这些建筑物或构筑物。

3）在郊外旷野里，要找一块地势低的地方，站在干燥的、最好是有绝缘功能的物体上，蹲下且两脚并拢，使两腿之间不会产生电位差。

4）为了防止接触电压的影响，在室外千万不要接触任何金属的东西，像电线、钢管、铁轨等导电的物体。

5）当你在野外高山活动时，最好是躲在山洞的里面，并且尽量躲到山洞深处，你的两脚也要并拢，身体也不可接触洞壁。

6）在雷雨天气时，千万不要到江、河、湖、塘等水面附近去活动，要尽快上岸躲避，并且要远离水面。

7）如果有汽车，将车的门窗关闭好躲在车里，也是很安全的，因为金属的汽车外壳是一个非常好的屏蔽。

2. 被雷击伤后如何急救

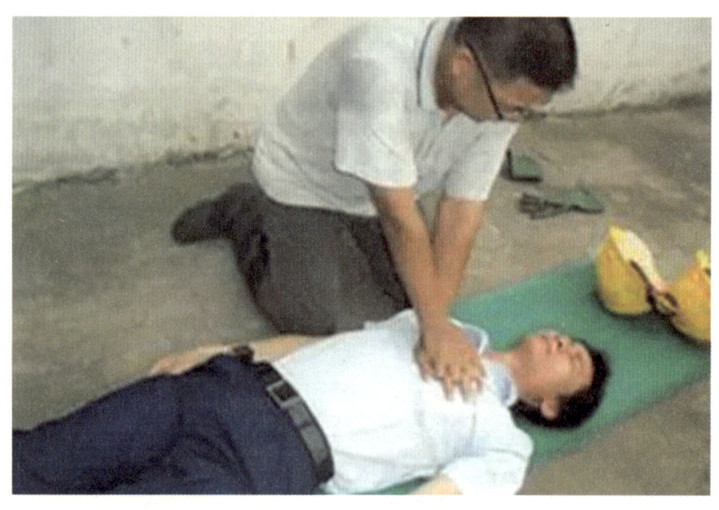

（1）受雷击而烧伤或严重休克的人，身体不带电，抢救时可以立即扑灭他身上的火，实施紧急抢救。

（2）若伤者失去知觉，但有呼吸和心跳，则有可能自行恢复，应该将他舒展平卧，安静休息后送医院治疗。

（3）若伤者已经停止呼吸和心跳，因迅速果断地交替进行口对口人工呼吸和心脏按压，并及时送往医院抢救。

学以致用

小组讨论：你认为应该怎样防雷？

第四讲　大风

学习要求

1. 了解大风给人们的生产、生活造成的影响及其危害，提高在遭遇大风时进行自我保护的意识。

2. 掌握躲避大风灾害的一些简单方法，学会合理、及时地应对大风灾害的一些技巧和策略，提高自我保护的能力。

案例警示

2008年某日早晨，威海市刮起了大风。大风将悬挂于某体育场一层外墙上的广告牌吹起，不偏不倚，正好砸中了途经此处的徐某，导致受害人徐某原发性脑干损伤、右额颞部脑挫裂伤、蛛网膜下腔出血、颅骨骨折。受害人住院后一直处于昏迷状态，并于不久因呼吸循环衰竭去世。

听我解释

1. 大风的概念

大风是快速流动的空气，促使空气流动的原因有很多种，按照大风生成的天气形势可将大风分为冷空气带来的大风、雷雨大风、台风和龙卷风等。我国气象观测业务中规定瞬时风速达到或超过 8 级（17m/s）时称为大风；而在天气业务规范中则规定平均风速大于等于 6 级（10.8m/s）时为大风。

2. 大风的危害

大风灾害四季均有，频率高、范围广、灾情重，冬春季主要以寒潮大风为主，还伴有剧烈的降温。大风对建筑、电力设施、交通运输及人民生活都会造成很大的影响。主要危害如下：

（1）建筑物受损或倒塌。

（2）对供电系统造成影响。

（3）对交通造成影响。

（4）对大气环境造成影响。

应对方案

如何应对大风天气?

(1) 大风天气眯眼睛别揉。大风天气若是眯了眼睛，千万别用手揉。因为手摸了许多东西，沾有许多细菌，这时如果用脏手揉眼睛，会损伤眼角膜，严重时导致失明。可以用眼药水或眨眨眼睛，如果不起作用，应立即去医院，不能拖延时间。

(2) 远离水边、树下、广告牌、电杆下、玻璃门窗等地。大风天气时，水边、树下、广告牌、电杆下、玻璃门窗旁都很危险，大风会刮起大浪，刮倒大树、广告牌、电线杆等，还会刮碎玻璃，所以要尽量待在屋子里的中心位置。

(3) 当风力抵达 11 级或 11 级以上时，这种情况时最好别外出了，大风会刮倒大树，甚至房屋。

(4) 大风后，要做好救护工作。

学以致用

小组讨论：小明和几个同学一起到河边野炊，他们有的煮饭，有的炒菜，很是热闹。突然间，刮起了大风，小明跑到河堤上看见不远处有一团龙卷风正向他们这边移动。小明他们该怎么应对呢?

____

____

____

____

____

____

____

____

第五讲　洪水

学习要求

1. 了解洪水的特点等相关知识。
2. 了解洪水的相关危害，提高防洪意识。
3. 掌握洪水暴发时的紧急自救措施。

案例警示

1998 年夏季，中国南方普降罕见暴雨。持续不断的大雨以逼人的气势铺天盖地地压向长江，使长江无须臾喘息之机地经历了自 1954 年以来最大的洪水。洪水一泻千里，几乎全流域泛滥。加上东北的松花江、嫩江泛滥，全国包括受灾最重的江西、湖南、湖北、黑龙江四省，共有 29 个省、市、自治区都遭受了这场无妄之灾，受灾人数上亿，近 500 万所房屋倒塌，2 000 多万公顷土地被淹，经济损失达 1 600 多亿元人民币。

听我解释

1. 什么是洪水

洪水是指河流、海洋、湖泊等水体上涨超过一定水位，威胁有关地区的安全，甚至造成灾害的水流，又称大水。

2. 洪水形成的原因

洪水是由暴雨、急剧融冰化雪、风暴潮等自然因素引起的江河湖泊水量迅速增加，或者水位迅猛上涨的一种自然现象，是自然灾害的一种。

应对方案

洪水来了，如何自救？

A. 爬上大树或屋顶等待救援，并大声呼救

B. 抓住木板、木箱等漂浮物，等待救援

C. 口渴了，不可以直接喝洪水解渴

D. 救援人员到来后，可利用手电筒或颜色鲜艳的物品发求救信号

（1）洪水到来时，来不及转移的人员，要就近迅速向山坡、高地、楼房、避洪台等地转移，或者立即爬上屋顶、楼房高层、大树、高墙等高的地方暂避。

（2）如洪水继续上涨，暂避的地方已难自保，则要充分利用准备好的救生器材逃生，或者迅速找一些门板、桌椅、木床、大块的泡沫塑料等能漂浮的材料扎成筏逃生。

（3）如果已被洪水包围，要设法尽快与当地政府防汛部门取得联系，报告自己的方位和险情，积极寻求救援，千万不要游泳逃生，不可攀爬带电的电线杆、铁塔，也不要爬到泥坯房的屋顶。

（4）如已被卷入洪水中，一定要尽可能抓住固定的或能漂浮的东西，寻找机会逃生。

（5）发现高压线铁塔倾斜或者电线断头下垂时，一定要迅速远避，防止直接触电或因地面“跨步电压”触电。

（6）洪水过后，要做好各项卫生防疫工作，预防疫病的流行。

学以致用

放暑假了，你遭遇了洪水，应该怎么办？

____

____

____

____

____

第六讲 其他灾害

学习要求

1. 了解高温、雾霾、泥石流的危害。
2. 掌握高温、雾霾、泥石流的自救措施，提高安全意识。

一、高温

案例警示

15 岁的高一男孩彭某某，参加了学校的全封闭军训。军训第六天，该生的母亲突然接到学校的电话，称孩子发烧了，让她到学校去接孩子，其父母立即赶到学校，“当时孩子出来的时候，走路摇摇晃晃，神志有些恍惚，说发烧两天了很难受，量了量体温，有 40℃”，孩子的父亲彭海青说。

儿子病情严重，家长赶紧到马路边打车想把孩子送到医院，但当时天气炎热，路上车辆极少，一直没有出租车，她只好扶着孩子拖着行李，坐公交到了最近的医院，此时已是晚上七点半。该生刚到医院就昏迷了，医生确诊为热射病，建议转院治疗。120 随后将孩子送到某医院急诊室抢救，“当时孩子右鼻孔出血，被送到了重症监护室。”在重症监护室抢救一个多小时，孩子最终因抢救无效，于当晚 10 点 25 分死亡。

听我解释

1. 什么是高温热浪

高温热浪又叫高温酷暑，是一个气象学术语，通常指持续多天的 35℃以上的高温天气。高温热浪的标准主要依据高温对人体产生影响或危害的程度而制定。

2. 我国高温热浪的标准

我国一般把日最高气温达到或超过35℃时称为高温，连续数天（3天以上）的高温天气过程称为高温热浪（或称为高温酷暑）。由于近年来高温热浪天气的频繁出现，高温带来的灾害日益严重。为此，我国气象部门针对高温天气的防御，特别制定了高温预警信号。

应对方案

我们应该如何应对高温天气？

（1）在户外工作时要注意，采取有效防护措施，切忌在太阳下长时间裸晒皮肤，最好带冰凉的饮料。

（2）注意不要在阳光下疾走，也不要到人聚集的地方。从外面回到室内后，切勿立即开空调。

（3）要尽量避开在上午10时至下午4时出行，应在口渴之前就补充水分。

（4）要注意高温天饮食卫生，防止胃肠感冒。

（5）要注意保持充足睡眠，有规律地生活和工作，增强免疫力。

（6）要注意对特殊人群的关照，特别是老人和小孩，高温天容易诱发老年人心脑血管疾病和小儿不良症状。

（7）要注意预防日光照晒后，日光性皮炎的发病，如果皮肤出现红肿等症状，应用凉水冲洗，严重者应到医院治疗。

（8）要注意出现头晕、恶心、口干、迷糊、胸闷气短等症状时，应怀疑是中暑早期症状，立即休息，喝一些凉水降温，病情严重应立即到医院治疗。

二、雾霾

案例警示

2008 年 11 月 30 日早晨，江淮、江南和西南地区东部出现很多轻雾和霾天气，其中四川东部、重庆南部、湖北西部、贵州、云南南部有能见度小于 1 000 米的大雾，重庆能见度只有 100 米，四川巴中能见度 300 米、达州能见度 100 米、南充能见度 100 米、遂宁能见度 200 米、湖北恩施能见度 100 米。连续两天出现能见度只有 100 米的大雾天气，对人们的出行造成了严重的影响。

听我解释

什么是雾霾?

雾霾，顾名思义是雾和霾，但是雾和霾的区别很大。

雾是由大量悬浮在近地面空气中的微小水滴或冰晶组成的气溶胶系统，多出现于秋冬季节，是近地面层空气中水汽凝结（或凝华）的产物。雾的存在会降低空气透明度，使能见度恶化，如果目标物的水平能见度降低到 1 000 米以内，就将悬浮在近地面空气中的水汽凝结物的天气现象称为雾。

霾，也称灰霾（烟雾）。空气中的灰尘、硫酸、硝酸、有机碳氢化合物等粒子也能使大气混浊，人们通常将目标物的水平能见度在 1 000～10 000 米的这种现象称为轻霭。

雾霾天气是一种大气污染状态，雾霾是对大气中各种悬浮颗粒物含量超标的笼统表述，尤其是 PM2.5（空气动力学当量直径小于等于 2.5 微米的颗粒物）被认为是造成雾霾天气的“元凶”。随着空气质量的恶化，阴霾天气现象出现增多，危害加重。中国不少地区把阴霾天气现象并入雾一起作为灾害性天气预警预报，统称为“雾霾天气”。

应对方案

雾霾天气应如何自我防护？

首先，尽量减少暴露在室外的时间，降低室外活动强度。特别是患有心脑血管等慢性病的人，更应在雾霾天减少室外活动，因为此时容易因缺氧而诱发心肌梗死、心绞痛等病。

其次，注意改善室内空气质量。雾霾天气室外空气质量差，室内空气质量也不能完全幸免。专家建议，雾霾天气应保持门窗紧闭，以降低空气污染物从室外到室内的渗透速率，降低室内 PM2.5 浓度，可选择具有品牌信誉度的室内空气净化器，还可以在室内种植绿色植物，以降低室内的飘尘和 PM2.5 浓度。

再次，在不得不外出的情况下，注意加强自我保护，选择合适的防尘口罩。虽然民用防霾口罩没有国家标准，市场上口罩质量鱼龙混杂。但医学专家建议，市民挑选口罩时，尽量选择材质密实的，以最大限度阻隔颗粒物。同时，要注意口罩是否有吸附层，吸附层可以将穿透口罩的颗粒物吸附。

最后，注意调整饮食结构。专家建议，雾霾天人们应多饮水，适当调节饮食，饮食以清淡为佳，缺乏维生素 A 会使呼吸道上皮和免疫球蛋白的功能受损，容易引起呼吸道感染，因此可多吃富含维生素 A、β-胡萝卜素的食物，另外可以食用莲子、百合、排骨汤、银耳羹、鸭肉粥等食物，具有养肺功能。

三、泥石流

案例警示

据统计，我国每年有近百座县城受到泥石流的直接威胁和危害；有 20 条铁路干线的走向经过 1 400 余条泥石流分布范围内。在我国的公路网中，以川藏、川滇、川陕、川甘等线路的泥石流灾害最严重，仅川藏公路沿线就有泥石流沟 1 000 余条，近二十年先后发生泥石流灾害 400 余起，每年因泥石流灾害阻碍车辆行驶时间长达 1～6 个月。泥石流还对一些河流航道造成严重危害，如金沙江中下游、雅砻江中下游和嘉陵江中下游等，泥石流活动及其堆积物是这些河段通航的最大障碍。泥石流还对修建于河道上的水电工程造成很大危害，如云南省近几年受泥石流冲毁的中、小型水电站达 360 余座、水库 50 余座；上千座水库因泥石流活动而严重淤积，造成巨大的经济损失。

听我解释

泥石流的界定。

泥石流是指在山区或者其他沟谷深壑，地形险峻的地区，因为暴雨暴雪或其他自然灾害引发的携带有大量泥沙以及石块的特殊洪流。泥石流具有突然性以及流速快、流量大、物质容量大和破坏力强等特点。发生泥石流常常会冲毁公路铁路等交通设施甚至村镇等，造成巨大损失。

应对方案

遇到泥石流时如何脱险？

（1）沿山谷徒步时，一旦遭遇大雨，要迅速转移到附近安全的高地，离山谷越远越好，不要在谷底过多停留。

（2）观察周围环境，特别留意是否听到远处山谷传来打雷般声响，如听到要高度警惕，这很可能是泥石流将至的征兆。

（3）选择平整的高地作为营地，尽可能避开有滚石和大量堆积物的山坡下面，不要在山谷和河沟底部扎营。

（4）出现泥石流后，要马上与泥石流成垂直方向向两边的山坡上面爬，爬得越高越好，跑得越快越好，绝对不能往泥石流的下游走。

学以致用

小组讨论：除了本章所学之外，自然灾害还有哪些？如何自救？

项目六　国家安全篇

2015年7月1日，第十二届全国人民代表大会常务委员会第十五次会议正式通过《中华人民共和国国家安全法》，这是一个综合性、全局性、基础性的国家安全法，其中明确指出，国家安全是国家既没有外部威胁和侵害，也没有内部混乱与疾患的客观状态。最基本、最核心的国家安全有十一个方面，它们分别是国民安全、领土安全、主权安全、政治安全、军事安全、经济安全、文化安全、科技安全、生态安全、信息安全和核安全。

国家安全是安邦定国的重要基石，维护国家安全是全国各族人民根本利益所在。坚持总体国家安全观，是习近平新时代中国特色社会主义思想的重要组成部分，是中国国家安全理论的最新成果，是维护国家安全的行动纲领和科学指南，对决胜全面建成小康社会，加快推进社会主义现代化，实现中华民族伟大复兴的中国梦具有深远的重要意义。

第一讲　政治安全

学习要求

1. 了解威胁国家政治安全的具体表现。
2. 如何维护国家的政治安全。

案例警示

有一部电视剧《对手》，讲述的是和平年代的“谍战”故事。一群智慧超群的国安干警，在波澜不惊的日常生活中，发现了“间谍”的蛛丝马迹，他们凭借高超的侦查技术和对国家、对人民的爱，排除万难，获得了最终的胜利，维护了国家的安全。

听我解析

我国的“总体国家安全观”是多个领域安全共同组成的。其中政治安全在国家安全体系中是根本、是核心。政治安全决定和影响着国家的经济安全、军事安全、社会安全等各个领域的安全，其他领域的安全最终也要反映到维护国家政治安全上来。危害国家政治安全的行为有以下几类：

（1）阴谋颠覆政府、分裂国家、推翻社会主义制度的；

（2）参加间谍组织或者接受间谍组织及其代理人的任务的；

（3）窃取、刺探、收买、非法提供国家秘密的；

（4）策动、勾引、收买国家工作人员叛变的；

（5）进行危害国家安全的其他破坏活动的。

1）组织、策划或者实施危害国家安全的恐怖活动的；

2）捏造、歪曲事实，发表、散布文字或者言论，或者制作、传播音像制品，危害国家安全的；

3）利用设立社会团体或者企业、事业组织，进行危害国家安全活动的；

4）利用宗教进行危害国家安全活动的；

5）制造民族纠纷，煽动民族分裂，危害国家安全的；

6）境外个人违反有关规定，不听劝阻，擅自会见境内有危害国家安全行为或者有危害国家安全行为重大嫌疑的人员的。

应对方案

新中国从诞生之日起，就把维护国家政治安全放在重要位置。在社会主义建设时期，通过对内肃清反革命势力，新中国的政权得到极大巩固；通过打赢边境保卫战，捍卫了国家主权独立和领土完整。通过社会主义改造，在中国大陆建立和巩固了社会主义政治制度。在改革开放时期，中国共产党保持了改革发展稳定的协调统一。尤其是面对西方敌对势力对我西化分化图谋，党和政府多举并施坚决维护了国家政权稳定，确保了政治安全。在我国政府 2011 年公布的《中国的和平发展》白皮书中，首次明确界定了中国的六项国家核心利益，其中四项属于国家政治安全的范畴。中华民族之所以能够实现由站起来、富起来到强起来，一个很重要的原因就是在中国共产党的领导下，坚决维护和保持了国家的政治安全。正是由于国家政治安全的坚强保障，中国社会才能保持稳定有序的政治秩序，能够集中力量办大事，能够推进长期战略规划，能够抵御外界干扰侵蚀，即便遭遇困难也能浴火重生、永葆生机活力。

那么作为中职生应该如何维护国家的政治安全呢？

（1）保守国家秘密，维护国家主权领土完整；

（2）遇到破坏国家安全的行为，及时向有关部门举报；

（3）团结少数民族的同学，保护国家的隐私。

（4）敢于对抗违法乱纪的言论。

（5）积极传播社会正能量。

（6）不信谣，不传谣，立长志，为民族之复兴而读书。

（7）拾获属于国家秘密的文件、资料和其他物品，应当及时送交有关机关、单位或保密工作部门。

（8）发现有人买卖属于国家秘密的文件、资料和其他物品，应当及时报告保密工作部门或者国家安全机关、公安机关处理。

学以致用

1. 学校定期开展国家安全知识讲座。
2. 走向社会大力开展国家安全知识普及工作。
3. 自查和互查身边有没有危害国家政治安全的行为。

第二讲　经济安全

学习要求

1. 了解什么是国家经济安全
2. 知晓作为一个公民，可以为国家安全做哪些努力。

案例警示

2009 年 7 月 5 日，在上海市国家安全局的努力下，破获一起重大间谍案，澳大利亚驻华力拓公司代表胡士泰、王勇、葛民强、刘才魁等四人涉案，此次案件牵涉很多中国有名钢铁企业人员；8 月 11 日，上海市检察机关以涉嫌侵犯商业秘密罪和非国家工作人员受贿罪对王勇等四人做出批捕决定，案件移交公安机关；2010 年 1 月 11 日，力拓案侦查终结，已移交检方：2010 年 2 月 10 日，上海市人民检察院第一分院对胡士泰等四人涉嫌非国家工作人员受贿、侵犯商业秘密犯罪一案向上海市第一中级人民法院提起公诉。

在检查力拓电脑时，发现了我国钢铁行业大量情报数据，包括很多机密数据。据权威人士分析，此案件对我国家经济安全和利益造成了重大损失，此案中的经济间谍多年来以收买、打探情报、巧取豪夺等方式，迫使中国钢铁企业在高昂的进口铁矿石价格上损失了 7 000 多亿元人民币，国家付出了惨痛的代价。

听我解释

1. 什么是国家经济安全

所谓国家经济安全，就是指国家最为根本的经济利益不受伤害，其具体内容主要包括：国家经济在整体上的主权独立、基础稳固、健康运行、稳健增长、持续发展；在国际经济生活中具有一定的自主性、自卫力和竞争力；不至于因为某些问题的演化而使整个经济受到过大的打击和（或）损失过多的国民经济利益；能够避免或化解可能发生的局部性或全局性的经济危机。

2. 国家经济安全的七大特征

(1) 国家性，即强调国家利益不受伤害，强调一国整体是国家安全的主体，代表国家利益的中央政府是维护国家安全的终极主体。

(2) 根本性，即强调国家的根本经济利益。如经济主体利益、生存利益、发展利益、战略利益不受伤害。

(3) 广泛性，即国家经济安全问题涉及较多领域，既包括经济领域的问题，且各领域安全之间关系复杂，交集较多。

(4) 战略性，即国家经济安全具有十分明显的战略特征，其战略意义超出了现实意义。

(5) 整体性，即国家经济安全强调的是一国经济整体上的安全性，而不仅仅是某一部分或某些领域的安全性。

(6) 国别性，即国家经济安全具有国别差异，对于不同国家来说，国家经济安全具有不同的含义和特征。

(7) 强调危机管理，即当国家最为根本的经济利益受到威胁时，一国要能够采取有效措施来控制危机的发展，把损失减少到最低程度。

3. 国家经济安全集中体现的方面

(1) 国家经济主权保持独立。经济主权不仅表现在领土的管辖与治理，而且在全球化下更主要体现主权国家对国内经济事务的自主决策。独立自主决策是国家经济安全的关键。

(2) 自然环境能够得到合理保护，正常的资源需求得到稳定供给，经济发展所依赖的市场得到有效保障。

(3) 国家内部社会矛盾缓和，政治安定，经济基础稳定与持续增长。

(4) 社会总供求大致平衡，经济结构协调合理，支柱产业的国际竞争力不断增强。

(5) 国际经济政治秩序相对有利，不存在对国家政治经济构成直接威胁，经济发展的进程能够经受国际经济动荡的冲击。

(6) 企业的国际竞争力。

(7) 政府的宏观调控与治理能力。

国家经济安全不仅体现在微观方面的国民、企业与重要行业的竞争力，而且更重要的反映在政府的宏观调控与治理能力，集中体现在货币与财政政策独立有效运用。

应对方案

像窃取、泄露国家秘密；境外势力渗透、破坏、颠覆、分裂活动等，这些行为，同学们不仅不能去做，如果遇到还要制止！

1. 遵守宪法、法律法规关于国家经济安全的有关规定；
2. 及时报告危害国家经济安全活动的线索；
3. 如实提供所知悉的涉及危害国家经济安全活动的证据；
4. 为国家经济安全工作提供便利条件或者其他协助；
5. 如果有需要，向国家安全机关、公安机关和有关军事机关提供必要的支持和协助；
6. 保守所知悉的国家秘密等。

学以致用

作为一名普通公民，我们可以为国家经济安全做什么？

第三讲　文化安全

学习要求

1. 了解什么是文化安全。
2. 了解当今社会影响文化安全的常见因素有哪些。

文化安全是指一国的观念形态的文化（包括民族精神、政治价值理念、信仰追求等）生存和发展处于没有危险和不受内外威胁的状态，以及保障持续安全状态的能力，其核心是国家意识形态的安全。文化安全作为国家安全的灵魂，与一个国家的政治安全、社会安全紧密相连。

文化安全

案例警示

以美国为首的西方国家很早就把教育文化交流作为“对外政策的第四维”，在文化霸权主义的驱动下，在世界范围内大肆推销自己的意识形态，为在全球推行美西方价值观，除了建立专门针对社会主义国家的新闻媒体，还利用情报机构在全球建立了大量掩护组织，各色基金会、非政府组织成了西方价值输出的“中间人”和文化渗透的“急先锋”。美苏冷战时期，美国前国务卿杜勒斯曾说：“如果我们能够让苏联的年轻人唱我们的歌并随之舞蹈，那么我们迟早会教会他们按照我们要求他们采用的方法来思考问题。”随着苏联解体，如今美国前国务卿杜勒斯“把对中国和平演变的希望寄托在第三代、第四代人身上”的行动预言，正通过文化多样性题材对中国进行渗透式和碎片式的入侵。一方面，美西方借助各类信息传播渠道，对西方社会的各方面进行夸大美化，持续对社会主义进行抹黑，对改革发展过程中存在的社会矛盾问题进行放大。另一方面，加大对反华势力和骨干的扶持和培养，拉拢对社会持有偏见的“意见领袖”“网络公知”，并利用这些群体散播美化西方、丑化中国社会的言论。最直接的表现就是，一些人在意识形态领域出现了混乱，在我们生活中，一些病态的“精日”“精美”的辱国行为甚至公然出现。

现如今，西方的文化入侵，正通过更加隐蔽的方式悄然推进。从汽车、服装、体育、奢侈品，甚至到电影、动漫、图书等文化产业，比比皆是。很长一段时间，很多国人都以能用上“美国货”而感到得意，一些年轻人淡漠了中国的传统节日，热衷起“圣诞节”、“平安夜”这样的“洋节”，有的甚至连美国历史上最不齿的“感恩节”都盲目崇拜。

美西方国家甚至将一些带有丑化色彩的内容进行美化，潜移默化对中国人的意识形态进行着渗透和入侵。例如《中国式过马路》《中国人是世界上少数没有信仰的可怕国家之一》《不阅读的中国人》等文章，不仅以点概面的进行夸张，更将丑化和诋毁中国人的内容融入其中，诱导中国人进行自我否定，隐藏着美西方对中华民族诋毁和抹黑，打击中华民族自信心的险恶用心。

听我解释

文化是民族的血脉，人民的精神家园。文化安全关乎国家稳定、民族团结、精神传承，是国家总体安全的重要组成部分。破除美西方文化渗透和文化侵略，关键是要树立起我们自己的文化自信。文化自信，一方面要求我们对中华民族的文化传统有深入的理解和欣赏，不搞历史虚无主义，既不忘本，也不盲目复古，要坚持古为今用的原则；另一方面，也要求我们对西方文化有清醒的认知，不崇洋媚外，不自我矮化，坚持洋为中用的原则。概而言之，就是要以中华文化为本位，博采众长，继承弘扬优秀传统文化，不断开创中国特色社会主义文化发展的新局面。

伴随中华文化走出去的步伐加快，中国文化对外开放水平的进一步提高，我们需要把握当前经济全球化复杂变化的新趋势，正确处理好文化开放和文化安全的辩证关系，在文化开放中维护国家文化安全。历史表明，社会大变革的时代，一定是文化大发展大繁荣的时代，一定是需要思想而且能够产生思想的时代。中国人民有足够的底气、资格、理由坚定文化自信，不负这个时代。

作为一名普通的公民，坚定文化自信是最根本的底线，不能给我们自己的国家和民族抹黑、添乱。每一个中国人都要清醒的认识到，发生灾难的时候，来救你的不会是美国的超人，也不会是美国的蜘蛛侠，更不会是美国的大兵。危难之时，挺身而出的肯定是中国共产党领导下的中国人民解放军、各行业各的中国奋斗者、千千万万的中国人民，而这种大无畏的精神，正是源自中华民族千百年来的文化传承、来源于中国人民的文化自信。

应对方案

1. 在保持自身文化的独特性坚持自主创新，保护自身资源。有选择性的引入发达周家先进的文化资源，充实我们自己的文化。

2. 文化市场构筑一个和谐稳固的文化安伞体系，在全国范围内运用对维护文化安伞的法律法规政府执政行政的过程中要落实到社会主义的文化上去，充实文化安全的具体内容。形成维护文化安全的系统。

3. 各民族文化之间的融合，与其他文化之间的关系是长久发展的必然要求。

4. 经济基础决定上层建筑，文化的发展要建在经济基础上，坚实的基础将是文化安全的重要保障。

5. 在保持自身文化的独特性，在此基础上要坚持创新。

学以致用

1. 在学校定期开展学习传统文化的讲座，学习传统文化，并将文化与国家和个人的安全结合起来，让同学们认识到文化安全的重要性。

2. 自查自己有没有做过危害国家文化安全的行为，发起相应的活动让每位同学为积极弘扬中华民族传统文化而行动起来。

3. 利用抖音、快手等网络平台或者发传单的形式向社会宣传文化安全的重要性。

第四讲　生态安全

学习要求

1. 了解有关生态安全的基本知识。

2. 做到自觉节约资源、能源，爱护环境卫生，不伤害、不食用野生动物。

案例警示

20 世纪 50 年代初，在日本九州岛熊本县，有一个名叫换水俣镇的渔村，那里出现了大批的“自杀猫”“自杀狗”。病猫步态不稳，抽搐、麻痹，甚至跳海死去，被称为“自杀猫”。1964 年 8 月，那里的猫 90%以上都自杀了，随后那里有人也得了一种怪病，说话口齿不清，走路东倒西歪，表情呆傻麻木。患者久治不愈，后来变得眼瞎耳聋，全身疼痛难忍，身体弯的像一张弓，最后大声惨叫而死。这个镇有 4 万居民，几年时间先后有 1/4 的人患上这种“不治之症”，其中 40 多人死去。后来，附近的村镇也陆续发现类似症状。

这种“怪病”就是日后轰动世界的“水俣病”，是最早出现的由于工业废水排放污染造成的公害病。经研究证实，这种病的起因是长期使用含有汞的海产品。从死者尸体和海产品中，均查出甲基汞。原来早在 1925 年水俣湾畔建了一个氮肥厂，到 1949 年又新建了一个合成醋酸车间，要用氯化汞和硫酸汞作催化剂，随后又与废液一起排入水俣湾内，大部分沉淀在海底泥里，在海底经过甲基钴氨素的细菌作用，变成了有剧毒的甲基汞，这种剧毒物质只要有挖耳勺一半大小的量就可以致人于死命，而当时由于氮的持续生产已使水俣湾的甲基汞含量达到了足以毒死日本全国人口 2 次都有余的程度。于是生活在这里的海洋生物吸收和富集甲基汞。湾畔的居民长期食用这种含汞的海产品，自然就成了甲基汞的受害者。人体吸收了甲基汞，会迅速溶解在脂肪里，引起脑萎缩、侵害神经细胞、最终细胞分裂死亡。

“水俣病”危害了当地人的健康和家庭幸福，使很多人身心受到摧残，经济上受到沉重的打击，甚至家破人亡。更可悲的是，由于甲基汞污染，水俣湾的鱼虾不能再捕捞食用，当地渔民的生活失去了依赖，很多家庭陷于贫困之中。

日本的工业发展虽然使经济获利不菲，但难以挽回的生态环境的破坏和贻害无穷的公害病使日本政府和企业日后为此付出了极其昂贵的治理、治疗和赔偿的代价。至今为止，因水俣病而提起的旷日持久的法庭诉讼仍然没有完结。

听我解释

1. 什么是生态安全

生态安全是指生态系统的健康和完整情况，是人类在生产、生活和健康等方面不受生态破坏与环境污染等影响的保障程度，包括饮用水与食物安全、空气质量与绿色环境等基本要素。健康的生态系统是稳定的和可持续的，在时间上能够维持它的组织结构和自治，以及保持对胁迫的恢复力。反之，不健康的生态系统，是功能不完全或不正常的生态系统，其安全状况则处于受威胁之中。

2. 我国生态安全现状

当前，我国生态安全面临着水污染严重、国土流失加剧、大气安全形势严峻、自然灾害频发等主要问题，因此，必须采取有效措施维护生态安全，为全面建设小康社会和构建社会主义和谐社会提供环境资源保障。

应对方案

青少年应该如何保护生态安全?

(1) 出行尽量乘坐公共汽车和自行车，减少私家车、出租车的使用频率。

(2) 拒绝使用一次性用品，拒绝浪费。

(3) 使用布袋或纸袋替代超市，商场等提供的塑料袋。塑料袋既影响市容又不易腐烂，是危害环境的持久型杀手。

(4) 坚持从我做起，从现在做起，从身边做起。树立爱自然、爱环境、讲卫生的良好环境道德，不随地吐痰，不乱扔垃圾，看到垃圾要主动捡起，并处处去影响他人，带动他人共同爱护环境、保护环境。

(5) 积极参与公益活动，努力促进环境改善。一种是直接参与的方式，另一种则是以间接的方式来推动环境保护。

(6) 从身边的小事做起，培养保护环境、节约资源的习惯。节约用水、节约用电等，保护花草树木，不踩踏草坪，不带火种进山等，勇于同破坏资源和环境的行为作斗争。

(7) 不吃或少吃口香糖。口香糖是难以被降解的物质，日常生活中，要不吃或少吃口香糖，减少这种物质在大自然中的存在。即使吃了口香糖，也要选择合适的地点放置，不能随意吐出。

(8) 洗衣服使用肥皂。肥皂是天然材料，使用肥皂在除去脏物质的同时，能够极大地减少对其他水体的污染。而一些洗涤液中可能掺和着化学物质，尤其是含磷的洗涤液，直接造成水体污染和富营养化。

学生手册

《学生百分考核细则》(部分)

1. 勤俭节约，不铺张浪费。浪费粮食扣 1 分；不关水龙头扣一分；离开教室、宿舍不关灯，扣 1 分。

2. 自觉维护校园清洁，爱护环境卫生，严禁乱扔、乱倒、乱写、乱画。凡违反要求者，视情节轻重扣 1～3 分。打扫环境卫生不净扣 1 分，乱扔垃圾扣 5 分。

3. 连续一个月卫生打扫尽职尽责加 2 分。经常主动捡垃圾加 1～2 分。

4. 爱护学校公共设施。对故意损坏水龙头、便池等设施，故意阻塞下水道的，故意污秽教室宿舍走廊墙壁的，除赔偿经济损失外，还要视情节扣当事人 5～20 分。总务处定期对各班级的物资进行检查。门、窗、玻璃、电灯、电器开关、衣柜、床、墙壁、桌、凳、黑板、电视柜等物资损坏的，视情节扣损坏者5～20分。

5. 爱护学校的花草树木、景观石、喷泉、假山、雕塑等。踩草坪扣5分，故意损坏学校树木、景观石等扣5分。

学以致用

1. 如何理解“绿水青山就是金山银山”?

2. 开展一场关于节约资源小妙招的分享交流会。

3. 上网查询资料，搜集我国为“国家安全”做出贡献的英雄和他们的相关事迹，并在班级中进行交流。

图书在版编目（CIP）数据

校园安全教育读本/王建林主编．—北京：中国人民大学出版社，2019.9
中等职业教育通用基础教材系列
ISBN 978-7-300-27311-2

Ⅰ.①校… Ⅱ.①王… Ⅲ.①安全教育-中等专业学校-教材 Ⅳ.①G634.201

中国版本图书馆 CIP 数据核字（2019）第 169718 号

中等职业教育通用基础教材系列
校园安全教育读本
主　编　王建林
主　审　史新涛
副主编　张桂梅　宋秀梅　管潇潇　王方军　颜潇潇
　　　　刘文超　赵永军　张文强　邵一峰
Xiaoyuan Anquan Jiaoyu Duben

出版发行	中国人民大学出版社		
社　　址	北京中关村大街 31 号	**邮政编码**	100080
电　　话	010－62511242（总编室）		010－62511770（质管部）
	010－82501766（邮购部）		010－62514148（门市部）
	010－62515195（发行公司）		010－62515275（盗版举报）
网　　址	http://www.crup.com.cn		
经　　销	新华书店		
印　　刷	北京宏伟双华印刷有限公司		
规　　格	185 mm×260 mm　16 开本	**版　　次**	2019 年 9 月第 1 版
印　　张	9.75	**印　　次**	2023 年 2 月第 5 次印刷
字　　数	172 000	**定　　价**	39.90 元